菲律賓，不意外!?

南漂作家的文化臥底筆記

南漂作家——著

前言

什麼菲律賓啊？我才沒興趣勒

「什麼菲律賓啊？我才沒興趣勒。」

這本來是這本書的書名，因為我猜想，這大概是許多臺灣人心中的潛臺詞，但介於有點太過反骨，所以就把它改掉了。我相信拿起本書的你，對菲律賓還是有一絲興趣。

雖然臺灣離菲律賓很近，甚至比日本還近，但我過去對菲律賓是毫無想像的。而且我發現身邊很多臺灣人和我一樣，對菲律賓的認識相當匱乏，甚至不知道長灘島、宿霧都是菲律賓的島嶼之一。

我們可能透過旅遊、電視或電影，對日、韓甚至更遠的歐美國家產生一定程度的認識，大夥兒都自許能增進世界觀，但還是忍不住朝先進國家望去，忽略了身旁這位可愛的菲律賓大嬸。

這或許就是我分享菲律賓文化的初衷。

我在菲律賓工作的這幾年，拚命分享任何我在當地觀察到的菲律賓文化，這除了是個人癖好之外，也希望藉由分享這些小發現，讓大家更認識菲律賓；其實不用談到國際觀這麼龐大的概念，只要我們能意識到除了身邊的三嬸婆、九叔公外，世界上還有很大一群人，正過著完全不同樣貌的生活，就是一個很好的開始。

不同國家的人都面臨著不同的環境、文化與壓力，但都不約而同地努力生存與生活。在這些觀察之中，若你能從異同之間悟出一點反思與包容，其實就已足夠；若你還能觀察出人性的底層邏輯，那就不得了了，很有成為世界村村長的潛力。

我希望從自身出發，除了讓大家更認識菲律賓外，同時也能洗刷掉一些對菲律賓的刻板印象。像是菲律賓人都窮得要命啊、菲律賓人都叫瑪莉亞啊、菲律賓超危險之類的。

雖然有刻板印象也不是什麼特別邪惡的事情，但想想外國人一看到亞洲臉孔，就假定我們很會算數學和整天在練功夫，那種被「定型」的感覺是不是挺不爽，明明我們這麼有內涵，這些洋鬼子卻只看到表面。

就讓我們將心比心，一起打破刻板印象，一起認識這位可愛的鄰居——菲律賓。

第一次到宿霧出差

目錄 Contents

前言　什麼菲律賓啊？我才沒興趣勒 003

PART 1 菲式潛規則

菲律賓的治安到底…… 015
搞懂菲律賓的大眾交通工具 023
肉身下海體驗馬尼拉的混沌交通 033
關於說謊這件事 041
無視危險但害怕……雨!? 048

PART 2

菲常不負責研究

沒有人叫瑪莉亞？ 055
絕對有資格當英文老師的菲律賓人 060
菲律賓海外工作者為什麼這麼多？ 066
欠錢不丟臉的金錢觀 071
菲律賓薪資大解密 080

PART 3

菲國社會觀察

母系社會？淺談菲律賓女性的社會地位 093
聊聊菲律賓女孩 100
不能離婚的菲律賓 110
菲律賓人的天生優勢 121

PART 4

菲律賓的節慶

來陪祖先睡一晚！菲式萬聖節墳墓派對 131
菲律賓超狂聖誕節 138
七個確有其事的菲律賓新年迷信 151
耶穌還是黑的好：馬尼拉黑拿撒勒人大遶境 158

PART 5

菲律賓的美味關係

菲律賓人的米飯狂熱 163
古怪的菲律賓式早餐 172
值得一提的菲律賓料理 181
菲律賓的特殊水果 189
Jollibee：菲律賓速食界的真正霸主 196
Mang Inasal：外型邋遢的連鎖烤雞店 207
試論菲律賓食物為什麼無法在世界各地流行？ 212

PART 6

我在菲律賓的生活

慢到深處無怨尤的網路速度 221
菲式肢體語言 227
菲律賓話罵人用語精選 232
實用的菲律賓話日常用語教學 239
菲律賓的醜陋與哀愁：生活缺點大揭露 245
我在菲律賓打籃球的兩三事（上） 255
我在菲律賓打籃球的兩三事（下） 260
來長灘島必做的三件事 265

PART 7

菲律賓不思議

選舉文化亂談 273
杜特帝總統狂語錄 278

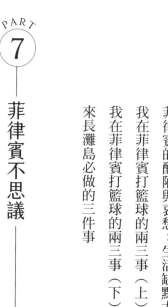

菲律賓的怪異法律 283
菲律賓怪奇迷信大集合 288
菲律賓鬼故事一：馬尼拉電影中心 297
菲律賓鬼故事二：Balete 街的白衣女子 302

後記　談談身為臺灣人的幸福 309

PART 1

菲式潛規則

菲律賓的治安到底……

拜臺灣媒體大肆報導的恩賜，每次有人聽到我在菲律賓工作，都以為我活在槍林彈雨之中，每天過著舉步維艱的生活，一不小心杜特帝總統就親自上門查水表。

雖然我很樂意接受「哇！你在菲律賓工作啊，真是勇敢」的錯覺，但我也有「將正確資訊傳達出去」的文人風骨，為達此目的，我將分成兩個層面來探討菲律賓的治安，一是客觀數據，一是主觀感受。

根據全球和平指數（Global Peace Index）二〇一八年數據資料顯示，在全部參與排名的一百六十三個國家中，菲律賓的整體治安落在第一百三十七名（臺灣是第三十四名），亞洲區最安全的是排名第八的新加坡。該指數包含了二十二項量化與質化數據，針對該國內部與外部的各種可能性衝突進行統計，像是犯罪率、社會安全，以及是否為軍事主義國家等。

在一百六十三個國家裡排一百三十七？那不是爛爆了嗎，走在路上都會被斷手腳筋？

且慢，這個全球公認的國家安全指數確實有參考價值，但不代表菲律賓很不安全。菲律賓是個由七千餘座島嶼組成的國家，和臺灣相比，狀況複雜許多。獲得如此差評的首要主因是菲律賓有許多「極度危險」的地方，拉低了整體平均分數。這些地方大多集中在南部的民答那峨島（Mindanao）偏鄉，因為宗教與政治因素，長期被恐怖分子與軍隊掌控，近年來發生的恐怖攻擊（教堂爆炸）都集中在此地。而現任杜特帝總統發布的「毒品戰爭」更讓國家內部的緊張氣氛不斷上升。正是這些極度糟糕的治安，拉低了整個菲律賓的治安水平，就像郭台銘老是在平均薪資調查扯我的後腿。

從國外旅遊警示分級表上會發現，菲律賓橫跨了最危險到最安全（紅到綠）的分級，紅色警戒區域如：蘇祿海（The Sulu Sea）南半部之周邊地區，包括蘇祿群島（The Sulu Archipelago，含 Tawi-Tawi、Sulu、Basilan）、巴拉望（Palawan）南端之離島 Philippines–Misamis Occidental、Lanao del Norte、North Cotabato、Sultan Kudarat、Zamboanga del Norte、Zamboanga del Sur、Zamboanga Sibugay、Lanao del Sur、Maguindanao，以及 Marawi City、Iligan City。只要避開這些極度危險的區域，各大觀

光城市如宿霧、長灘島和巴拉望都有相對不錯的治安，當然這不代表你不會遇到危險，只是機率大大降低。

我常說，在治安好的地方還老是擔心自己被搶劫，那不如擔心搭車到機場的路上發生車禍。一個成熟的決斷，應該更多依賴客觀機率。

總的來說，從數據上看來，菲律賓算是一個治安挺可以的地方。為何只有可以，而不是好呢？接下來想談談我的主觀感受。

以我個人不負責的主觀感想來說，相對比臺灣，在菲律賓生活的確感覺比較危險。首先是合法擁有槍枝帶來的緊張感。菲律賓居民可以合法擁槍，隨便走進SM購物中心就可以買到AK47（詳細購槍法條我沒查），無論7-ELEVEN或星巴克都會看到佩戴霰彈槍的警衛，雖然他們只是幫你開開門，但對沒看過什麼槍的和善臺灣人來說，實在很難不提高腦中的防衛機制。

第二個則是馬尼拉龐大的貧富差距，即便高級地段仍然矗立著許多落後的街景。你很可能上一秒還在讚嘆高樓的美麗，下一秒就置身紐約黑幫街頭鬥毆的場景，而荒涼的街景總不自覺添增我們對危險的遐想，若再加上幾個老盯著你看的街友，腿部肌肉肯定馬上緊繃，隨時準備加速逃跑。

最後是歸屬感與舒適圈的問題。人只要不在家鄉，總感覺特別不安全。想想看，若在菲律賓遇到了什麼犯罪事宜，真是不知道該怎麼辦才好，一來信不過當地警察，二來完全不懂法律體制，東西若被搶，大多數人只能摸摸鼻子、挖挖鼻屎，慶幸財去人平安，強龍當然不壓地頭蛇。奉勸大家被搶時乖乖就範，不然到時在路上被人弄死，搞不好頭七都過了也沒人來收屍。

總之，我個人看來，菲律賓是個看起來很危險，實際上沒那麼危險的國家，屬於外表時尚，內心保守那型。至於臺灣人覺得菲律賓不安全的偏見嘛，我認為情有可原，尤其是初來乍到的臺灣打工仔，肯定會對某些落後景象感到害怕。菲律賓有很危險的地方，也有相對安全的地方，雖然我們會出沒的地點大多是安全的，但請別白目地穿金戴銀炫富，這樣就算在全世界最安全的地方都活該被搶劫。

至於我有沒有遇過危險，由於我大概七八成時間都關在工廠裡，外出機會不多，但還是碰過一件算是危險的事情——路邊的小孩試圖偷（搶）我的皮夾。

當時，我剛從天使城（Angeles）的一間便利商店走出來，準備去賭場大展身手，一群小屁孩突然稀哩呼嚕就湊上來討零錢，這在菲律賓其實不算少見，但是當天的小孩子明顯比過往遇到的「積極」，不斷靠上來肢體接觸。

平常的我很願意把零錢分給他們（順便減輕重量），但那天手上太多東西，不方便掏錢，便搖搖頭拒絕了。但他們就像不怕拒絕的保險業務員一樣，絲毫不打算放棄，一直緊跟著我的腳步，最可怕的是其中幾個小屁孩居然把手直接伸進我的口袋，準備偷取我的皮夾，完全從乞討進化成偷搶。

值得一提的是，他們伸手進口袋可不是隨便伸伸，而是經過特殊的動作設計，伸得很「巧妙」。他們會把手臂縮進袖子裡，裝成殘障的樣子，再把手從衣服底下伸出來，探入我的口袋（好險我把皮夾握在手上）。理想上，他們應該是希望能神不知鬼不覺地偷走皮夾，實際上大概連金門王都看得出這拙劣的把戲。

即便技法拙劣，但這麼明目張膽地偷，基本上已接近搶劫了。當天由於我手中東西太多，除了斥止之外，只能快步閃離，好險那時有間餐廳的菲律賓警衛大聲喝止，這才讓那些小屁孩停止動作。

雖說整起事件歡樂的感覺可能大於危險，但他們真拿到皮夾的話，肯定一溜煙跑走，讓我望球興嘆。大家要是碰到類似情況，請記得把錢包緊握在手中舉高，小屁孩畢竟還是小屁孩，個頭還小，只偷得到口袋裡的東西。

總之就這樣了，我再也沒碰到其他危險事件，身邊認識的在菲臺灣人也少有聽聞遇過什麼危險，雖然不時耳聞某某臺灣人在馬尼拉被搶劫的消息，但這就是好事不出門，壞事傳千里，有人住了二十幾年也沒遇到危險，但他不會告訴你。

總體來說，菲律賓人因為宗教信仰的關係，大多很和善、很熱情，很願意幫忙陌生人，但貧窮的範圍實在太廣，很多社會問題便從貧窮開始萌發，教育、衛生等基礎生存條件都不到位的情況下，這些問題就不斷惡性循環，而且愈循環愈糟糕，進而滋生治安問題。再加上杜特帝上任之後，各種掃毒、掃賭、掃異化分子的大動作，讓菲律賓內部呈現高度緊張狀態，雖然長期來看或許對治安有幫助，但短期來講，這些動作就像去刺激一罐久未開封的蟲罐，打壞了許多原本已形成的恐怖平衡。

所以，菲律賓到底安不安全，我實在不敢拍胸脯保證「來就對了，肯定沒事」，只能說菲律賓絕對沒有新聞中看起來那麼危險。如果你是來工作的，若住在馬尼拉，附近可能會有稍嫌危險的區域，自己請多加小心；若你是來觀光或讀語言學校，那大可放一萬顆心，這些區域都安全到不行。

而且啊，明明在菲律賓過著安全的生活，還可以騙臺灣的女性朋友，每天都用駭客任務的下腰姿勢在閃躲杜特帝的子彈，對方肯定馬上露出母性的關懷，屢試不爽。

警衛比客人還多

「如果你總是很享受過海關時被警衛搜身的快感，那你一定要來菲律賓過個乾癮。」

菲律賓什麼不多，警衛特別多，多到你以為這個國家隨時會被恐怖分子襲擊。什麼星巴克、麥當勞這些感覺安全到爆炸的店，也都會看見配槍警衛。

第一次來菲律賓的人一定會被進百貨公司前的高規格安檢嚇到，從一踏入停車場那刻開始，商場警衛就會拿反射鏡掃描車底，再要求你打開後車廂，若是平常習慣帶開山刀逛街的朋友可能要多多留意。

跨進商店大門之前，有些店家設有金屬感應門，有些則由警衛拿著金屬感應器，一邊要求你打開隨身包包，一邊輕撫你的腰際，除了確定你沒有夾帶槍枝，也順便檢測你的腰圍尺寸，查看是否為大腸癌的危險族群。服務果然是要從心做起呢。

菲律賓為什麼會有這麼多警衛？

據說和歷史有關，因為戒嚴時期很多私人企業都擁有自己的「小軍隊」，警衛在菲律賓就漸漸變成了一個大到不能倒的產業鏈之一，也讓菲律賓擁有了如此多「用途不大」的配槍警衛。他們應該很少有人真的開過槍，平時最大功能就是當你滿手炸雞和飲料時，親切地幫你開門並說：「Thank you, Sir.」

總而言之，佩槍警衛聽起來好像很恐怖，但在菲律賓，這些警衛就和臺灣的大樓管理員伯伯一樣和藹可親，不用太過害怕。

搞懂菲律賓的大眾交通工具

我早期混馬尼拉時幾乎都開車，對菲律賓的大眾運輸純然是只看過豬走路，完全沒自己吃過豬肉，直到後來有機會出差至宿霧、碧瑤等地，才有機會搭搭計程車、吉普尼、三輪車，甚至是來回克拉克與碧瑤之間的客運，這些都是我人生的初體驗，情竇初開，搭起來特別緊張。

也因為有了這些寶貴的經驗，我才敢斗膽寫這一篇，不然搭都沒搭過，通篇都是網路搜尋來的唬爛，到時候你被載去火焰山烤來吃，我怎麼過意得去。

要特別強調的是，這裡只介紹我搭過、而且已經大概了解規則的菲律賓常見交通工具，馬尼拉的捷運就先跳過了，我實在搞不懂它們。

吉普尼（Jeepney）

我對吉普尼其實很沒好感，畢竟開車時路上最賭爛的車就是吉普尼。開得慢就算了，三不五時還會突然停住讓乘客上下車，搞得馬路水洩不通、拖泥帶水的元凶就是它。

不過吉普尼的身分非凡，搶眼的鮮豔外型算是菲律賓很重要的文化看點之一，非常適合拍照，上傳IG大家都會覺得你的異國情調指數突然增高，有點想投懷送抱。

吉普尼最早的起源是美軍在二戰期間留下來的吉普車，再經由改造而成，這也是吉普尼名字中前半段 Jeep 的由來，後半段的 ney 則是從 Jitney（共乘公車）中

吉普尼司機都會聚集在一起打屁

萃取，合在一起就代表可以共乘的吉普車（Jeepney）。

怎麼搭乘吉普尼呢？

它其實就像臺灣的公車，只是舒適度差非常多，車身低、座位又擠，每次搭都要和旁邊的人緊緊相依，既沒有可以關上的窗戶，當然也沒有冷氣，路上的風沙會統統捲入車內，好一場快樂饗宴，完全李翊君的沙漠寂寞。

當然，這些缺點都如實反應在價錢上。吉普尼搭一次只要八披索（各地區有些許差異），約等於五塊錢臺幣，垃圾桶隨便掏都有。上車時沒得悠遊卡逼逼，車錢得透過其他乘客傳遞給司機。最厲害的是，如果有找錢還會再傳回來唷，讓人充

吉普尼擠起來可以塞好幾十人

分感受到人民互相合作的偉大。

老實說呢，我這輩子只搭過吉普尼三次，所以搞不太懂它的路線怎麼看。我都是先用 Google Map 查看哪一輛車（認車號）會到目的地，然後靜待車來，上車後基本上也是緊盯 Google Map，一有差錯趕緊下車。更簡單的方式就是只搭直線，因為吉普尼隨時可以下車，如果發現車子轉了彎，就趕快用成龍式翻滾華麗跳車。

因為大家都說吉普尼比較危險，所以我也跟著說。如果不是為了體驗，沒事就不要亂搭吉普尼吧！反正搭起來也不太舒服，硬要搭的話，搭個一兩次拍拍照耍耍屌就好。

計程車

計程車有什麼好介紹的，不就和臺灣的計程車一樣，只是司機換成菲律賓人。

唔，還是有一些值得講一下的事情。

我發現開計程車的人很容易沒水準，在菲律賓尤其嚴重，自認脾氣很好的我在菲律賓時每次有點小動肝火，幾乎都是因為計程車司機實在太北爛。

北爛的點有很多種，像是死不講理硬要黑你錢的，或明明不認得路還硬要裝懂的，這些鳥事都會嚴重造成市井小民的困擾。畢竟搭計程車不就是花錢圖個方便與輕鬆嗎？

可惜在菲律賓搭車常常愈搭愈複雜，跌入愈來愈深的海底，不禁怨嘆人生好難。

在菲律賓想搭乘計程車很簡單，揮手就好了。或是跟司機來個眼神交會，如果運用得宜還能在剎那間創造永恆，結成一段忘年之交。

上車後有兩種方案可以選，一是請司機跳錶（by meter），另一種就是直接談價錢。重點在於千萬不要在雙方還沒有共識前就讓司機開車，這樣你被黑錢的機會將比做了增高手術的姚明還高，根本是百搭百中，屢試不爽。

如果跳錶，就是請司機打開記里程和時間的錶，雖然他可能會中途開去加油，或和朋友見個面，但至少一切是照著規矩來。要是遇上自己把錶改機（跳超快）的司機，那只能說你三生有幸，趕快下車保護錢包吧。

直接談價的方式是給熟門熟路的人用的，直接談妥到目的地的價格。談好價之後，不用擔心司機到處亂開或他老婆提前早產，反正價格已經談定，坐墊被拆了也無所謂。

三輪車／摩托車（Tricycle / Motorcycle）

三輪車同樣是菲律賓極具當地特色的交通工具，而且非常普遍，幾乎算是當地人的主要交通工具。

三輪車，就是改裝的摩托車，在機車旁邊再加裝一個車籠子。因為菲律賓人身形比較小，如果你體型高大，坐這種車肯定會覺得畏首縮尾，沒辦法光明正大地做人。不過呢，通常我們坐兩個人都嫌擠，厲害的菲律賓人有時候卻可以塞個五六人，密度比下臺北橋的機車還高。

至於摩托車，就是一般的摩托車，有時候甚至根本不是專職司機，只是路見不平，攢攢小錢，看到無知觀光客站在路邊就上前主動關心，看要不要順便載你一程。

當然也有專職載人的摩托車（應該也是不合法的），這類摩托車騎士會隨手拎個安全帽，雖然有人說那安全帽又臭又

菲律賓便宜巴士都沒冷氣，連窗戶都不裝，相當通風

嗯，不過塞車趕路時也只能忍耐，因為搭摩托車真的可以讓你用最快的速度抵達目的地。

搭乘方法就和計程車一樣，揮手就行，或是在路邊露出疑惑與楚楚可憐的表情，通常司機都會主動上前詢問。

費用的話，只有講價一途，通常會選擇這種交通工具都是比較短程的，所以就是五十或一百披索這樣談。

請記住，如果兩三個人一起搭乘，一定要問清楚價錢是每個人（per person）還是一輛車。免得最後司機和你囉哩囉唆吵價格，你一定會懶得爭執，掏錢了事，結果坐個破機車還比計程車貴，這是多麼錐心刺骨的痛啊。

坐在吉普尼上，對未來有點迷惘的小朋友

隨叫隨到出租計程車（Grab）

基本上要不是為了體驗當地文化，前述幾樣交通工具根本可以完全無視直接燒毀，乖乖搭 Grab 就好，這絕對是最舒適、最方便的選擇。壓軸出場的 Grab 其實就和臺灣的 Uber 一模一樣，只是借屍還魂罷了。

如果順利的話，從 App 叫車、上車，到最後的付錢，你都不用和任何人互動，完美符合現代人的科技冷漠症。更大的好處是，你不用再和司機討價還價，也不用開導航給司機，一切的一切，Grab App 都會幫你打理好。價錢在你叫車時就會知道，司機就算半路撞到外星人要擦綠汁擦五小時，也不能向你多收半毛錢。

另外，Grab 的車因為有檢核，所以一定（九十五％）都比較新，冷氣也都會冷，不像路邊隨手招的計程車常常進入邊開邊掉零件的狀態，還在一生懸命地營業著。

路痴計程車司機

在菲律賓，和計程車司機打交道是一件很讓人受不了的事。

這裡指的是一般在路上攔到的計程車司機，不是 Grab 司機，因為菲律賓 Grab 司機的服務真的很不錯，值得嘉獎。

總之，如果你真的趕時間，只能搭路上的計程車，請做好心理準備，這絕對不會是一趟太舒服的旅程。

首先在價格上，你可能得和司機討價還價一番，因為不是每個司機都會乖乖跳錶，還有些錶改裝過，比周杰倫的ＡＥ86還厲害。

這些都還在可以忍受的範圍，我最受不了的一點就是，菲律賓的計程車司機常常不知道路怎麼走！這不是你的職業嗎？

為了避免溝通不良，我都直接用手機開 Google Map 讓司機看，讓他知道目的地在哪，然後司機就會把手機轉來轉去，好像在看真的地圖一樣。

「你知道在哪裡了嗎？」我問。

「I know ah~~」

每次聽到這個 I know ah 就讓人膽戰心驚，因為有時候司機根本什麼都不 know 也跟你說 I know。

很多時候我以為司機已經知道路了，就開始放空滑手機，結果抬頭發現路況怪怪，打開 Google Map 確認，才發現根本是往反方向開……

然後你再把 Google Map 給司機看，他還是轉來轉去喃喃自語。

通常這時候我就會乾脆放棄，直接開導航帶著司機走。

然後呢？手機就沒電了，有夠賭爛。

說好的上車睡覺下車尿尿呢？做夢吧你！一旦搭上菲律賓的計程車，就要有「能力愈強，責任愈大」的體認，不要以為計程車司機就該知道路怎麼走，那是咱們乘客的責任啊！

肉身下海體驗馬尼拉的混沌交通

人生總有那麼幾件事，你會忍不住在心中讚嘆自己「想不到我還蠻屌的嘛」，對最近的我來說，這件事就是在菲律賓開車。

這種自豪本該收斂一點，因為整件事外人看來僅僅是件俗事、俗到不能再俗，不過就是開個車而已，都不知道在跩什麼？

但對我來說，我是從在臺灣開車都開得二二六六的小菜鳥，晉升到可以和菲律賓道路上的牛鬼蛇神一拚高下的狀態耶。我覺得我贏得了自我嘉許的權利。

這個勵志故事的起源，得追溯至我剛到菲律賓的前幾個月。

當時我大約一星期去一次馬尼拉市區，每次進入市區總深刻體驗成語「車水馬龍」的視覺定義，道路完全供不應求，全被轎車、客運、吉普尼塞滿，明明瞧著地上畫的是三線車道，怎麼數著卻有五排車，每一輛都摩肩接踵，彷彿沒有明天似地緊緊依偎。

這畫面在我心中烙下一個印象——我這輩子都不要在菲律賓開車。

雖然心中這麼想，總經理問我要不要考菲律賓駕照時，我的身體還是誠實了。想想不考白不考，臺灣人總是特別愛拿證照。過沒幾天，我就在菲律賓同事的陪同下前往當地的監理所辦理駕照了。

在菲律賓，駕照的考取流程完全因人而異。我所認識有考菲律賓駕照的臺灣人各有不同經歷，費用也是天壤之別。我的流程很簡單，只有填資料、測視力、拍大頭照、回車上睡覺後起床再繳個三千五百披索，然後就拿到駕照了。如同我說的，每個人考取的過程都不一樣，費用則是看當天帶你走後門的菲律賓人開出的價碼，當年的我懵懂無知，沒想太多就繳下去了。

當然，拿到駕照和實際上路完全兩回事。我相信許多人都知道，世界上多的是空有一張駕照，卻沒在馬路上奔馳的人們。來菲律賓之前，我在澳洲曾有半年開車經驗，自認不算駕駛新手，只不過後來空窗了兩年，有些生疏。我先在工作處附近打轉，藉由郊區路況比較舒緩，好好和油門煞車們敘敘舊。

即便經過小特訓，我依舊對馬尼拉的交通狀況聞之喪膽，深怕一個不小心就沉淪在無垠車海裡，只不過想迴轉，卻在路口蹉跎了一輩子。

另一個不太想開車去馬尼拉的原因則是我本身是個路痴，雖然老爸常常循循善誘地教導我，哪條路接哪條路就能通到哪條路，但我低迷的方向感完全無法消化這些資訊。在臺灣，通常都是 Google Map 告訴我未來的方向，但菲律賓的網路讓 Google Map 常常放空，沒打算理我。

雖然心中爬滿恐懼，但我仍想挑戰，而且生命總是會找到出路，當時任職的公司剛好購入一輛新的公用車，簡直就是來自靈魂的暗示，有車不開怎麼行！於是我就在某次放假時，決定自己開去馬尼拉試試了。

從北邊省分開進馬尼拉市區大概是一個半小時的車程，前半路程都在高速公路上，基本上沒啥問題，後半段進入市區後，路況就開始緊張了起來。我盡量維持住自己的節奏，但馬路宛如社會縮影，一旦入世，就不能只顧著自己，無論你多麼乖巧地待在自己的線道上，總不斷有旁車來攪亂。

尤其是客運、卡車等級的大車，仗著體型優勢，在馬路上完全為所欲為，想換車道時連方向燈都不打，狠一擺頭直接占據另一車道，絲毫不顧慮其他車的安危。聽老爸說，塞車時想開得順，跟緊大車的屁股就對了，人在江湖就是要跟對老大。

相較於大車的粗俗魯莽，馬路光譜另一端的吉普尼則是過於溫吞的一群。

身為菲律賓式公車與奇怪的規則使然，吉普尼隨時都有人在上下車，不管路況如何，它們永遠不急不徐在馬路上晃悠，如果要票選最不想排在它後面的車型，吉普尼絕對是冠軍。

吉普尼不只開得慢，還會突然停下來載客。有時候明明開在最內線的快速車道，照樣停車讓人上下車，實在有夠惱人。我想要是把吉普尼全部燒毀，馬尼拉的交通狀況至少會比現在好上一倍。

最後還有一種不時來插花的車種——改裝三輪車。菲律賓人在機車旁邊加裝了一個能載人的車棚子，雖然看起來只能載兩個人，但常見一輛三輪車塞了五、六個人的盛況，堪比當年蒙面加菲貓追逐阿麗

馬尼拉永遠都在塞車

的景象。

好在這種三輪車在市區快速道路上相對較少，多在巷弄、田野或熱門餐廳外面聚集，若有遊客經過，司機都會熱情攬客，就像臺灣的計程車司機。

總之，這些各具特色的車輛聚集在一起，演化出了馬尼拉長期保持的交通狀態——塞車。

馬尼拉永遠都在塞車，差別只在塞的程度。無論我上車前尿了幾次，只要開進馬尼拉，下車前一定處於尿急的狀態。

為什麼這麼塞，推測是牽扯到諸如道路規劃和人口結構等高深的社會問題，可能得靠杜特帝用一些特殊手段來解決。我一介外人，只能就菲律賓人的駕駛風格來

搭車搭到失去靈魂

做可能的解釋。簡單來說，他們的風格就是「任性而為」，想怎麼開就怎麼開，完全不顧慮其他車輛的想法。

這風格讓我一開始很不適應，畢竟對新手來說，有一套特定的規則比較容易上手，但在馬尼拉的道路上，謹守規矩注定會被時代洪流沖走，孔子當年交到我們手中的溫良恭儉讓，在這野蠻的道路上，完全起不了作用。

那該怎麼辦呢？唯一能做的就是——融入。

嘗試跟上他們的節奏，拋開開車應有的禮儀、增進自己的技術，從儒家的嚴謹昇華到道家的無為而治，當你也成為一位任性而為的用路人，就能在馬尼拉的道路上生存了。

一旦打通任督二派，你將發現，原來在菲律賓開車如此無憂無慮，可以說達到從心所欲而不踰矩的境界，不管開法如何荒謬都不要緊，頂多換來幾聲無情的喇叭聲。換作在臺灣，同樣情形可能早就被棒球棍砸車，但，這就是在菲律賓開車啊，你將體會真正的自由。

如果今生有幸，歡迎你也來體驗在菲律賓開車的樂趣。

馬路菜市場

菲律賓的馬路充滿了狂新聞的素材。

當年桂綸鎂說的經典廣告臺詞「整個城市，就是我的咖啡館」，至今依然是挺具指標性的文案，但鏡頭一跳轉到菲律賓，畫面就很不一樣了。

對菲律賓人來說，「整條馬路，就是我們的菜市場」。他們在車水馬龍的道路上悠然自得的模樣，一如大媽們在菜市場挑蔥選蒜的身影。

記得看過一則臺灣的新聞，內容是一個媽媽在車道旁推著嬰兒車行走，只見疾駛的車輛從旁呼嘯而過，感覺一不小心與她擦撞就會造成人倫悲劇。新聞中還訪問了許多毫不相關的路人，每個人都替這對母子的安危捏把冷汗。

我當時在菲律賓，邊看新聞邊問身邊同事：「這在菲律賓不是天天看到嗎？」他笑著稱是。

在菲律賓，這種「危險畫面」簡直就像周星馳電影之於龍祥電影臺，一天不知道重播多少次，只要你開車上路，肯定會遇見幾個把馬路當園遊會閒晃的菲律賓人，有時候還不是一個人，而是一群人一起晃，相當囂張。

他們可能是要穿越馬路，可能是要在馬路中間上吉普尼，也有可能就只是單純算命先生告訴他們，此生不會死於車禍，所以可以如此悠哉地穿梭在車潮裡。

在菲律賓的馬路上也總會遇到不少討生活的行動攤販，某種藉由長期的恐怖塞車而發展出來的新興產業。

這些攤販和 eBay 一樣，什麼都賣。正常一點的賣水、花生、零食，想耍點藍海策略的可能賣雞毛撢子、盆栽、充電器。我最無法理解的是賣籃球，卻已看過不下數次。

汽車大亨亨利．福特說過：「如果我當年問顧客他們想要什麼，他們肯定會告訴我：『一匹更快的馬』。」嗯，菲律賓人做到了，他們比消費者更了解消費者，總會有人塞車塞到受不了，忍不住想買顆球增加一點歡愉的氣息。

經過多年鍛鍊，現在的我看臺灣狂新聞中的馬路三寶常覺得野人獻曝、少見多怪，唯有開過幾次菲律賓的混沌道路，你才知道什麼叫做真正的三寶，菲律賓人在完全發揮之下的狀態，不要說車尾燈了，臺灣人早被甩過九霄雲外。

關於說謊這件事

如果要給一個即將去菲律賓工作或遊學的人最後忠告，我或許會說：「小心，菲律賓人很愛說謊！」從無傷大雅的隨口胡謅到傷天害理的瞞天大謊，全都是他們涉獵的領域。

為什麼想特地挑說謊來當最後忠告呢？因為生活上諸如網路慢、東西難吃這些事想避也避不掉，勢必要學著面對，面對菲式謊話卻還有機會挽救。由於那些謊話通常不太高深，只要「稍微聽說過」，大概就知道對方又在胡扯了。

換言之，只要先看過這篇文章，就能幫你在心中打個底，知道未來有可能遇到哪些說謊情境。不過也別矯枉過正，把菲律賓人說的話全當成謊話，還是有非常多誠懇的菲律賓人。俗話說「防人之心不可無」，但要是整天在防人，性格會很扭曲的。

經過一番查證，我發現關於菲律賓人是否愛說謊這件事，是個沒人認真談論過的議題，中文或英文都找不到客觀數據論證，但就我的觀察，菲律賓人挺愛說謊，而且說得非常自然，好像天生就很擅長說謊。根據網路上極少數的文獻指出，這性格的養成與長期殖民的文化絕對相關，畢竟在別人統治下，愈懂得虛與委蛇，說些對自己或自家人有利的謊言，應該能大大提升生存率與降低被打壓的可能性。或許正是當年留下來的老毛病，讓現今為數不少的菲律賓人都還有這症頭，沒事就撒個謊，好像不說謊會長灰指甲一樣。

到底身處菲律賓會遇到哪些謊言呢？

隨口之謊

這類謊話在菲律賓平均一天會遇到一、兩次，運氣好的話很可能連遇好幾次。隨口之謊的定義就是「說謊的人也沒意識到自己正在說謊」，通常是為了不讓自己看起來很笨好像都不知道答案，只好隨口胡謅，打個馬虎眼亂答一通。

拿問路來說，在菲律賓若要問路，我強烈建議最好連問三、四個人，確認答案一致之後再開始移動，因為有時候他們根本完全不知道你要去哪，還是會硬指一個路徑，然後你就傻傻地走到柳暗花明郝柏村了。

同樣的道理也適用於計程車司機，他們非常喜歡不懂裝懂，不知道路線還是硬要開，請千萬相信自己手中的導航，不要被載去山上跳土風舞還渾然不知。

雖然隨口之謊算是無傷大雅，但有時挺浪費時間，請隨時有此心理準備，才不會太著了他們的道。

刻意的小謊言

這類型謊言的定義就是他們有意識地說謊，但不是大謊，較常發生在工作場合；出現的時間點通常是為了逃避工作上的疏失，或是避免增加自己的責任。簡單來說就是超級理由伯啦！

菲律賓人不太可能承認自己做錯了或疏失了某項工作，總會用一大堆千奇百怪的理由搪塞，有時候明明一秒可以解釋的東西，他們就是要東扯西扯天花亂墜。

舉個例，你可能請送貨司機回程時順道把棧板載回來，但他不小心忘了，忘了其實也沒關係，下次記得就好。問題就出在司機絕對不會承認他忘了，反而開始訴說車子故障的故事、路上遇到牛頭馬面沙茶醬這類狗屁理由，反正菲律賓馬路上的奇人異事特別多，隨便他怎麼說都行。

這種謊言需要一點時間來體會，因為剛開始遇到時很容易被唬得一愣一愣，久了才會發現唬爛成分居多，只想叫他們 Cut the bull shit，少講點屁話，我不想聽！有些人還真的會大方承認，然後開始傻笑……

生離死別的瞞天大謊

這類型謊言出現的場合非常類似，就是菲律賓人向你借錢的時候。

無論你是菲律賓人的情人、朋友還是上司，都有可能會遇到這類瞞天大謊；謊話主題不外乎親朋好友的非死即傷，今天是老爸死了，明天是哥哥重傷，後天表舅媽糖尿病，大後天再來個癌症開刀。

為了達到借錢的目的，想借錢的那一方往往不惜把族譜裡的名單全都搞出來死一遍，如果碰到比較不用心的人，甚至有可能讓自己的老爸死個兩三次，搞得跟活屍一樣，比九命怪貓還厲害。

剛開始聽到這種謊言，大多數人心裡都想，應該不會有人拿這種事情來說謊，會遭天譴吧？特別是曖昧對象若這樣對你說，更容易讓人起惻隱之心，不好意思追問真相或細節，然後就著了他們的道……

我不敢保證每一個和你說家人過世要借錢的菲律賓人都在說謊，但以個人經驗來說，機率實在是高得驚人，請抱著寧可錯殺的心態，勇敢拒絕他們。

看完後有沒有覺得現在的你抗騙等級瞬間提升，渾身充滿能量？就像一開始說的，雖然要有提防之心，但還是有非常多值得深交的誠懇菲律賓人。關係往往是互動的，愈防著人家，就愈難建立關係。我仍然建議大家保持開放的心，被騙了也沒關係，只要不被騙到傾家蕩產，這些經歷都能當作笑話看待的。

菲律賓時間

「我哪有那麼多美國時間。」

相信大家都聽過這句俗諺，西方人生活比較悠閒，總讓人感覺時間較多。但其實呢，菲律賓時間（flipino time）才是真正「凍結時間」的霸主。

只要你約了一個時間，無論是飯局、聚會，甚至是正式的商務會議，菲律賓人一定都會遲到。

說「一定」可能太過偏激，但由於發生機率實在太高，搞到後來連我都會習慣性遲到，不然老是浪費自己的時間。

問了菲律賓同事才發現，他們甚至把「準時參加飯局」看成是一種失禮的行為，技巧性遲到五到十分鐘反而才是禮貌的展現。積非成是大概就是這麼回事吧。

雖說菲律賓人的時間觀念本來就不怎麼樣，但他們遲到的背後確實有個非常強悍的理由——菲式恐怖塞車。

馬尼拉的交通常讓人完全找不到一個能夠「準時」的交通方式，除非你擁有一架私人直升機或阿拉丁的魔毯。

你可能想，混蛋，不會提早出門嗎？抓個「安全」時間很難嗎？

唔，在菲律賓，你若真的打算每次聚會都準時，有時候可能得提前一天出門，因為這就是馬尼拉交通的威力——根本無從預測從A到B需要多少時間。舉個例，同樣是星期一早上十點，有時候只需要二十分鐘的路程，下星期可能就突變成需要三個小時甚至更久。馬尼拉脆弱的交通經不起任何打擊，只要一個小擦撞、小故障或一場雨就足以陷入混亂。不過這就扯遠了，要說起交通，再說個三天三夜也沒完。

雖然叫菲律賓人遲到大王有點非戰之罪，但正因為有塞車當藉口，更讓他們遲到得理直氣壯，毫無悔意。有時候路況明明順極了，他們照樣給你遲到半小時。反正只要在出現時悠悠落下一句：「Today's traffic is terrible~~~」（今天路上好塞啊~~）你也拿他沒轍。畢竟大家都經歷過走路比開車還快的慘況，若你得理不饒人，那就太不厚道了。

無視危險但害怕……雨!?

要是末日降臨，世界回歸原始，我們這些腦滿腸肥的都市人一定會被菲律賓人徹底擊潰。

艱難的環境會激發強大的生存技能，這一點在菲律賓人身上展露無遺；他們常常怡然自得地做些相當危險的事情。

舉個例，我見過不少菲律賓工人在毫無安全防護措施的狀態下爬到三、四層樓高的地方，腳上還踩著破爛的夾腳拖鞋，光用看的就雙腳發抖。

我也看過菲律賓人在水超淺的泳池裡表演啦啦隊特技，踩在朋友肩膀上後空翻入水，還有一大堆人站著滑、趴著滑、疊著滑，用盡各種花式玩滑水道，重點來了，那滑水道還是水泥做的呢……

這些都算小兒科，菲律賓最危險的地方就在大馬路上。

俗話說馬路如虎口，菲律賓的馬路應該是恐龍口，而且是混了南非樹蛙基因改造過後的特猛暴龍；儘管馬路上一群不守規矩的飛車縱橫，仍然有數不盡的菲律賓人超級悠哉地過馬路。

另一種更可怕的情況是一群菲律賓人本來群聚在安全島上聊天，突然間就像走進家中後院般毫無預警地走到馬路上，白天也就算了，晚上整條路黑漆漆的時候他們還是這麼做，彷彿隨時都做好重新投胎的準備。

總之，菲律賓人經常若無其事做些細思極為恐怖的事情，也或許是我們太受保護了，才會對「危險」的門檻這麼低。

但我眼中無比大膽的菲律賓人，卻對

他們非常擅長做一些看起來很危險的事情

一件事怕到不行，那就是下雨。

我以前下班後常和他們一起打籃球，每當碰到菲律賓雨季，下午五、六點正好是下陣雨的時間，剛開始有幾滴雨降下來——真的是很零星的幾滴而已喔——他們就會抱頭鼠竄地跑去躲雨，有時候甚至配上微微尖叫，彷彿即將落下的是槍林彈雨，讓我一個人傻在球場裡看著他們逃難。

我知道沒人喜歡被雨淋溼的感覺，但他們的反應宛如一被雨滴到就會突變成活屍。我問了好幾個菲律賓同事，才發現他們並沒有意識到自己的躲雨行為，而且全用懷疑的眼神看著我說：「躲雨不就是這樣嗎？」

還是有幾個人分析了一些原因。

某一個菲律賓人說：「因為我們從小就被長輩告知，若讓頭淋到雨，就會得到嚴重的風寒。」（臺灣好像也常聽到這種說法）他還說：「成年之後，若是外頭下雨，老媽還是會說一樣的話。」

另一個說法很特別，但只有一個人提到。「在菲律賓的社交禮儀裡，淋溼是一件不被接受的事情；若你溼溼地出現在社交場合，會讓人覺得你正在發出渴求同情的社交訊息。」這說法我覺得唬爛成分居多，明明超多菲律賓女生都頭髮溼溼來上班。

最後一個最特別，但好像沒什麼相關。「下雨會讓人聯想到不好的事情，小時候我們都聽說，若是大太陽天卻下雨，代表惡魔正在結婚。」

「那和很怕淋到雨有什麼關係？」

「反正雨就不是什麼好東西。」

從上述這些無厘頭對話就知道，菲律賓人怕雨是真實存在的，至於到底怕什麼碗糕，我實在搞不懂。

我自己的猜想是，由於菲律賓的大雨往往又急又猛，他們才會在雨還小時就準備躲起來，不然等到真正下大雨時，手刀衝刺也來不及了。

在菲律賓遇到下雨時，你會發現路上的計程車幾乎全滿，連 Grab 都叫不到，因為菲律賓人寧可不吃晚餐，也要把錢省下來搭計程車躲雨。

如果遇到了討厭的菲律賓人，先別急著罵人，可以先跳一段祈雨舞，再把晴天娃娃的頭狠狠扭斷，他肯定就會嚇得屁滾尿流了。

PART 2

菲常不負責研究

沒有人叫瑪莉亞？

在刻板印象裡，一提到菲律賓幫傭，大家往往立即閃過「瑪莉亞」這個名字。

原先我猜想，可能菲律賓真的很多人叫做瑪莉亞，就像在臺灣叫聲怡君同時有五百人回頭一樣，事實證明這個猜想不完全正確，因為我在菲律賓這幾年，幾乎沒有遇見任何人叫瑪莉亞。但我直接或間接知道姓名的菲律賓女性至少超過一百個，難道樣本數還是太小嗎？

到底怎麼回事？瑪莉亞從哪冒出來的？碰巧來臺灣的都叫瑪莉亞？

我查了一些相關資料，發現瑪莉亞（Maria）這個名字近十年沒有一次排進菲律賓「最常使用」女性名稱的前二十名，間接證明不是我接觸的人太少，而是瑪莉亞這個名字真的不再是菲律賓人的最愛。

那以前那些瑪莉亞到底打哪來的？

一切都和宗教有關。約莫二、三十年前，由於菲律賓是超級天主教國家，當時幾乎每個出生的小孩都得接受洗禮（Baptism），受洗之後，舉辦儀式的天主教會便會「賦予」該孩子「瑪莉亞 Maria」做為她們的 First name，象徵著她們對天主信仰滔滔江水連綿不絕的崇敬（聖母瑪莉亞），以至於那個年代出生的女孩，八九不離十，都會有個共通的名字就是瑪莉亞，好比菲律賓的著名記者及作家 Maria A. Ressa。

那為何現在瑪莉亞變少了呢？

雖然菲律賓人還是一樣熱愛天主教，但近年大家對於都叫瑪莉亞這件事開始覺得創造力被剝奪了，所以現在菲律賓的孩子受洗之後，家長多半自行為小孩命名，而不是接受教會賦予的名字，間接導致瑪莉亞這個名字愈來愈稀少，已經快比日本進口的壓縮機還少了。

既然提到名字，也順道談談菲律賓人的姓名結構，蠻有意思的。

和美國人一樣，菲律賓人的名字組成是 First name（名字）＋Middle name（中間名）＋Last name（姓氏）。若拿蔡依林來做解釋，蔡是 Last name（姓氏），依林就是 First name（名字），臺灣人通常沒有 Middle name（中間名）。

換言之，一個正常規格的菲律賓名字長成這樣：Rodrigo Roa Duterte。Rodrigo 是名字（First name），也就是他父母幫他取的；Roa 是中間名（Middle name），通常會用母親的姓；Duterte 是姓氏（Last name），通常使用父親的姓氏。若母親未婚生子便用母親的姓，但之後若結婚便要改。

上述就是菲律賓正式的命名準則，規則相當簡單，而死板的規則抵擋不住菲律賓人心中那團自由奔放的火。

怎麼說呢，讓我分享一些臉書共同好友的名稱給大家（僅供研究分享，請別去搜尋騷擾人家）：

Reyven Joyce Tañedo Sitchon,

Mae Ceres Queja Satuito

Rey Ann Cornelio Sarimo

Juvy Ann Efron Estanislao

奇怪了，不是說好 First name（名字）＋Middle name（中間名）＋Last name（姓氏），算起來應該只有三個字，怎麼冒出來的都是四個字。

原來在菲律賓，想有幾個 First name 完全看個人喜好，不強加設限，就像你可以叫蔡・依琳・二琳・三琳・士林夜市，想要幾個就取幾個。

菲律賓同事說，年輕人特別喜歡搞很多名字，而且都用些特殊字眼，他還說認識一個有四個 First name 的人，結果因為每次要填官方表格時名字都會超過，只好不情願地刪掉一個。

聽起來很蠢？哦不，四個算什麼，目前菲律賓名字最多紀錄的保持人一共擁有四十個 First name 呢，來鑑賞一下吧——Ratziel Timshel Ismail Zerubbabel Zabud Zimry Pike Blavatsky Philo Judaeus Polidorus Isurenus Morya Nylghara Rakoczy Kuthumi Krishnamurti Ashram Jerram Akasha Aum Ultimus Rufinorum Jancsi Janko Diamond Hu Ziv Zane Zeke Wakeman Wye Muo Teletai Chohkmah Nesethrah Mercavah Nigel Seven Morningstar A. San Juan CCCII。考試時，鐘都響了還在寫名字的，就是他這種人。

而說到幫傭，除了瑪利亞，「菲律賓人出國都當女傭」恐怕又是個刻板印象。

菲律賓女性出國工作當然不是都從事幫傭或看護，隨便用左腳踝想也知道不可能。根據二〇一三年菲律賓海外工作局（Commission on Filipinos Overseas）統計資料顯示，菲律賓有將近一千兩百萬（占全部人口十一%）人口在海外工作，而他們從事的工作類別，最大宗是三十二．七%的「非技術性勞工」。

的確，幫傭或看護屬於非技術性勞工，但只占了其中三成左右，再加上三成之中還有一半是男性，所以粗估下來，真正在海外從事幫傭的菲律賓女性大約落在十到十五%。另一方面，臺灣目前的菲律賓外勞人口約為八萬人，其中有三萬一千四百七十四人從事社福幫傭類工作（截至二〇一八年七月勞動部資料），所以臺灣人覺得菲律賓女性都在當幫傭的刻板印象也算情有可原，畢竟根據數據統計，的確有將近一半的人都從事幫傭或看護等相關工作。

倒是我私下認識前往海外工作的菲律賓人，不論是去韓國、杜拜、臺灣、加拿大……幾乎各個國家都有之外，從事的工作類型跨度也很廣，雖然技術性普遍不高，但因為他們有天生的語言優勢（英文），加上對於爛薪資與爛環境的「超高」適應力，我猜測他們應該是挺受各國雇主歡迎的。

而在菲律賓海外工作局的資料裡，出外討生活的菲律賓人，有三十%左右的人口從事管理職、商業、專業技師、醫師等工作，統統都是穿西裝打領帶的高大上工作類型，千萬別再因為看過幾個菲律賓女傭，就抱著全菲律賓人都當女傭的刻板印象了！

絕對有資格當英文老師的菲律賓人

「我想臺灣人民的心理狀態一定有很大的衝擊，怎麼瑪莉亞一下變我們的老師了？」

二〇二〇年三月的工商會議中，有企業建議高雄市政府引進菲律賓白領技術人才，增進高雄的英文普及度，並提供友善的生活環境讓人才長期留下，改善臺灣人才短缺的問題。上述引言就是時任高雄市長的韓國瑜先生的回應，在當時引起一陣不小的旋風，家家戶戶突然開始討論歧視用語，並爭辯菲律賓人的國際競爭力與他們的英語程度。

另一方面，我們都知道相較於美國、澳洲，菲律賓遊學在價格上相當具有競爭力，但撇開錢不談，出國遊學最在乎的還是英文學習的效果，便宜買個垃圾也沒什麼好爽的，而與此最緊密相關的因素，就是師資的優劣。

菲律賓的英語老師值得信任嗎？即便在如此多人前往菲律賓遊學的今天，很多人聽到你預計前往菲律賓學英文，還是會用麥可・傑克森的月球漫步先倒退三步，再露出不可置信的表情：「菲律賓？Are you serious？」許多人無法理解菲律賓人的英語程度，直覺把他們歸類為只能打掃或當保姆的底層勞工族群。

我知道這不是事實，但口說無憑，特此拿出理科先生的態度，用科學與數據的角度解析，為何菲律賓的師資值得信賴，希望讓更多人知道能讓瑪莉亞當老師是一件很幸福的事情。

首先從數據面談起，根據ＥＦ機構二〇一九年發布的全球英語流利指數（ＥＦＥＰＩ），菲律賓位於全球第二十名（好像不太厲害），全亞洲只落後於新加坡，臺灣位居第三十八名；熟練度方面（共分五等級）也被評價為第二等級的高熟練度。而在Global English Corporation這份針對非母語國家的全球商業英文流利指數（ＢＥＩ）調查中，菲律賓獲得第一名的殊榮，代表他們在複雜商業活動中能夠靈活與自然地使用英文。

雖然我不知道上述指數可信度有多高，但兩個指數每年都固定發表報告，姑且就相信一下，而且這中間好像也沒有什麼利益，因為沒有國家會塞錢，希望能讓自己國家的英文能力排名高一點。

除此之外，ＢＢＣ新聞也在一則二〇一二年的報導中提到，「菲律賓正快速成為全球各地人民的英文老師」，菲律賓人高度的英語能力加上低廉的人力成本與生活開銷促成了此一現象，而且持續至今，不只臺灣，韓國、日本、越南甚至俄羅斯，每年都有數十萬人次前往菲律賓學習英文。我連當小外甥的英文老師都有問題了，菲律賓能當上整個世界的英文老師，肯定有兩把刷子。

再從歷史的角度看看，菲律賓人的英文底子如何流竄在血液中。

首要主因當然是美國殖民對於菲律賓教育系統的巨大影響。殖民初期，菲律賓人並不喜愛英文，直到美國人帶進了托馬斯人（Thomasites），也就是由六百位美國教師組成的教育組織，名稱來自於他們當時乘坐的運輸船就叫 USS Thomas。

托馬斯人建立了新的公共教育系統，訓練了大批講英文的菲律賓老師，讓英語不像其他國家（如臺灣）只是一門科目，而是教學的媒介，從國小到高中，無論是歷史、體育、美術課統統採用全英語授課。這樣英文還能爛嗎？數學已經夠難了，還要用英文學，想到就想吐。

除了教育，美國更在一九三五年時修憲，將英語列入菲律賓的官方語言之中，一步步讓英語真正融入並落實在菲律賓人的生活裡。雖然美國這些作為是為了抹除殖民阻力，但如今看來，這些體系與制度正是讓菲律賓能躋身成為英語強國的重要因素。

菲律賓人的英文確實普遍不錯，我剛到菲律賓時挺挫折的，怎麼工廠裡一個國小畢業的工人英文都比我好，我學了這麼多年英文到底在幹嘛，更重新反思語言學習的本質。好，驗證完菲律賓人天生英文體質強後，下一步要驗證菲律賓語言學校的師資是否都接受過專業訓練。

你會講中文吧？但突然要你教阿兜仔中文，你教得來嗎？使用與教學之間畢竟還是有一條鴻溝。菲律賓籍老師大部分都是教育相關科系畢業，但學校並不限制只有本科系學生可以應徵，而是認為其他科系的畢業生甚至更具備成為一個好英文老師的潛質。

學校通常會依照畢業成績與畢業科系做第一階段篩選，第二階段則是考試與試教，看看準教師的文法與字彙等能力，並透過試教確保準教師不僅能拿到好成績，也能成為一個好老師。整個過程中，除了評估人選是否適任，同時評估還需要多少額外的教育訓練，等到這些關卡都通過之後，才由校長進行最後把關。不要以為隨便一個阿貓阿狗就能在菲律賓當英文老師。

我無法百之百保證菲律賓籍老師都接受過學校正規訓練，只能說大部分語言學校都會給予老師額外的教育訓練。有些學校會針對長期聘請的老師，每半年邀請更專業的教授進行訓練及考核，以確保他們持續適任，大多數學校會有完整的訓練課程，這也是好師資與壞師資的分隔點，有些學校就沒有這些把關。

另外，有些學校甚至規定任何新到職的菲籍老師，一定要經過八十個小時的TESOL教育訓練（英國學術總監組織）才能上線教學。訓練內容不只是英文教學，還包含了如何激勵學生、語言學（我們如何學習新語言）、如何確保學生真正理解、糾正學生錯誤的正確引導、如何使課程更加有趣等。說到底，評估能不能把別人教好通常和自身能力無正相關，更重要的是如何同理與帶領，這是教學的藝術。

最後，我想談談「菲律賓人具備好老師的特質嗎？」這一點，也終於可以把理科先生的假面具撕掉，純粹談談個人感受了。

依我個人主觀角度看來，菲律賓人非常適合當老師。好老師的評斷標準每個人心中肯定都有一把尺，但菲律賓人天生熱情奔放與熱愛說話的個性，實在非常能夠勝任老師一職。

我相信，肯定有許多曾經前往菲律賓念書的學生都和老師發展出超過師生之間的情誼（不是肉體那種的不要亂想），因為在菲律賓並沒有孔孟那類師者所以傳道授業解惑也的老傳統思維，他們非常樂意與學生打成一片，與學生分享他們的生活、情感和想法，課堂上不像冷冰冰的教室，反而更接近生活中的日常場景。

另一個菲律賓人適合成為好老師的原因是，英語並不是他們的原生母語，因此他們更能體會學習英文時會遇到的瓶頸與盲點、文法教學上的掌握度往往比很多歐美籍老師更高，因為他們自己也是過來人，知道哪些是「外國人」才會面臨的文法難題。（當然相較起來，文法教學上，臺灣老師肯定最了解學生的痛點）

現在知道了吧？菲律賓人很有資格當我們的老師。即便相對於臺灣，菲律賓各種基礎建設、衛生條件都較為落後，但在英文程度上，他們真的甩了臺灣好幾條街，我們打開推進器都追不到。不管你覺得菲律賓比我們好還是爛，虛心地向能力比較強的人學習，總是不會錯的。

菲律賓海外工作者為什麼這麼多？

如果你曾經中山北路走九遍，應該會發現那裡有個小菲律賓區，再不然，如果你常常出沒臺北車站或中壢火車站，也可能遇過很多菲律賓人，這些地方都是菲律賓移工的主要聚集地，可謂三步一小菲，五步一大菲，要是眼屎沒挖乾淨，我常以為自己散個步又回到了菲律賓。

其實不只臺灣，世界各地好像都能看見菲律賓移工的足跡，他們甚至有個專有名詞叫ＯＦＷ（overseas filipino workers）。

據菲律賓統計局（Philippine Statistics Authority）數據，目前總共有兩百三十萬個菲律賓人在海外工作，占了菲律賓總人口二・三％左右。聽起來好像沒特別多，但若實際認識當地人，往往會發現ＯＦＷ的比例高得嚇人，幾乎每一、兩個家庭就會出現一個「菲律賓海外工作者」，我自己就認識不少在杜拜、新加坡、香港工作的菲律賓人。

是什麼造就了這樣的生態呢？

況是人。

第一個顯而易見的原因當然就是Money！有錢能使鬼推磨，鬼都忍不住下海了，何

一、較高額的薪水

菲律賓人的薪水相當寒磣，如果只是低技術勞力所以薪水低也就算了，連護理師、教師、工程師、會計師等高技術含量的職業，在菲律賓領到的薪資也遠遠低於水平，連在臺灣麥當勞打工的薪水都比一位菲律賓正職老師賺得多，更別說臺灣還算不上高薪資國家。換言之，菲律賓人只要選擇出國，即便做一模一樣的工作，也能領到兩三倍的薪水，有時甚至更多。

再來就是較好的福利制度。在菲律賓，很多業主為了規避給勞工的福利，都讓勞工長期處於「短期約聘」狀態，尤其是低技術含量的勞工，像是大型賣場售貨員、工廠作業員，幾乎都是在扭曲壓榨的制度下工作。這並不是菲律賓企業比較無良，只是供需原則發酵下的自然生態。相較之下，出國工作的菲律賓人因為雇主害怕他們落跑，通常都會給予較好的勞工福利以及較有保障的合約。

二、良好的外語能力

想想有多少臺灣年輕人為了高薪，前仆後繼地前往澳洲打工度假，單純為了存一桶金，而不少始終觀望的臺灣人，因為英文不好而遲遲不敢出發？

菲律賓人沒有這層阻力，他們的英文非常好，好到全世界都去菲律賓學英文，而在英文高度普及的現今，能順暢使用英語溝通的勞工自然非常搶手。

英文不但是菲律賓人的第二語言，也是正式的官方語言（與菲律賓語 Tagalog 同等級），這點當然成了菲律賓人前往海外工作的強大推力，少了語言隔閡這層阻力，他們更能輕易地走向世界。（關於菲律賓人的英語能力，可參考六十頁）

三、高度適應力

要到海外工作，除了語言與工作能力，適應力也很重要。

菲律賓人可說是非常擅長這一點，文化背景造就了他們統統擁有非常高的適應力，根本像變色龍一樣，稱其為隨遇而安的霸主都不為過。

無論是在生活、工作中，你很少聽到菲律賓人有什麼適應不良、壓力太大的問題。他們雖然偶爾會打打醬油不長腦耍任性，總體來說都是任勞任怨的一極棒勞工。

我在菲律賓就聽過一個笑話：如果新聞說有人跳樓自殺，那一定不會是菲律賓人。描述的就是他們強大的適應力，總是懂得自我調適，絕對不可能讓自己走進生命的死胡同。

四、同儕與家族的壓力

家庭對菲律賓人來說是個格外甜蜜的負擔。照顧好家人（包含親戚）等於他們的基本道德教條，若不是出生在富裕家庭，在家族中又必須扮演生產者（金援）的角色，這樣的壓力會讓你覺得，海外工作似乎成了唯一的選擇。

就算你本來不這麼覺得，朋友的朋友、鄰居的小兒子、三姑六婆口中的某某某都去海外工作發大財了，只剩你還沒去，這時壓力自然就來了，照鏡子都覺得自己好不負責任，躲在菲律賓做小孬孬，洗澡都不敢放塞子。

五、政府的支持

菲律賓政府當然了解海外工作者對於菲律賓的重要性，所以舉辦了許多措施來讓菲律賓人到海外工作更輕鬆、阻力更小。像是舉辦出發前的就業研討會、提供海外工作者更好的醫療保險、稅率、勞工合約等，盡量讓這些出外打拚的菲律賓人，形象上更像是肩扛國家經濟重擔的英雄，而不是逃離國家的叛徒。

政府為何如此看重呢？根據二〇一六年的資料，菲律賓海外勞工寄回家鄉的工資總額高達兩百六十九億美金，占菲律賓當年GDP總額十％。

完完全全不用政府傷腦筋內需經濟，只要菲律賓海外勞工繼續打拚，就能不斷為經濟注入「從世界各地」來的活水。這麼好的勾當，政府當然得持續好好扶持。

以上，探究完畢。

其實我在蒐集資料的過程中還看到一些別的理由，像是菲律賓人喜歡旅遊、喜歡冒險……這些光看就很屁的動機，我就沒寫進來了。

雖然了解這些來龍去脈對人生沒多大幫助，還是希望大家下次在臺北車站看到菲律賓人時，不再只嫌他們講電話嘰哩呱啦很吵，也能稍微體會一下他們離鄉背井所背負的重擔。

欠錢不丟臉的金錢觀

我不是個對金錢很敏感的人，但菲律賓人的消費方式，即便粗枝大葉如我也能輕鬆窺探到其中的差異。不像華人總是小心翼翼當個守財奴，菲律賓人常常像個有錢員外胡亂炫富，還一邊玩老爺不要夫人在看的遊戲。即便一點也不富，一些長期藏心中的小惡魔總引導著他們做出相當怪異的理財行為——也可能他們看我們才是怪異的那一方。

首先，「今朝有酒今朝醉，明日愁來明日愁」是多數菲律賓人奉為圭臬的生活哲學，至少我接觸過的菲律賓人都普遍接受及時行樂的觀念。他們無法思考太久遠以後的事，更多時候想的是拿到薪水後，如何把這筆錢花得豪爽又不失優雅，像是買一手 Red Horse 配上炸豬皮，再唱個卡拉ＯＫ更是如虎添翼。

這點可從菲律賓的發薪周期看出端倪，大多數公司都採取「兩周薪資」制度，也就是兩個禮拜發一次薪水，類似制度在歐美澳等國其實同樣有（甚至是周薪），但在菲律賓，這種制度更顯恰如其分，因為他們對金錢的掌握力實在太低了，要是一次發下整個月的薪水，沒準一個禮拜後就有家庭開始吃土了。

據我觀察，即便兩星期發一次薪水，仍有許多菲律賓人在發薪日沒幾天後就喝西北風。我也會盡量避免在發薪日當天前往附近的大型商場購物，因為鐵定人滿為患，塞車就算了，結帳時肯定大排長龍，理智線很容易斷掉，千萬要避開。

根據當地媒體ABS－CBN報導，菲律賓人的儲蓄率在整個東南亞敬陪末座，菲律賓中央銀行更在二〇一七年公布，近八十六%菲律賓家庭連銀行帳戶都沒有，因為他們沒有任何多餘的現金需要銀行幫忙保管。

除了及時行樂，另一個重要的影響因素是信仰。

菲律賓人大多信奉羅馬天主教，信仰讓他們為自己的貧困找了一個很棒的「理由」——這一切都是上帝的安排；好的、壞的，有錢沒錢都是上帝給予每個人的命運，只要懂得給予，上帝就會眷顧他們，所以沒理由存錢、沒理由奮鬥，只要當個樂觀善良的人，人生自然就會平安喜樂，豐滿富足。

菲律賓人有一句俗諺「Bahana na si Batman」（the future will take care itself），意思是不管未來發生什麼事都會有蝙蝠俠出來解決，有點像中文俗諺「船到橋頭自然直」，這些深藏在心的觀念，都是讓他們無法掙脫財務困境的心智枷鎖。

很多商人甚至利用這種「及時行樂」的特性大削特削，像是摩托車的分期付款，利率明明超高，分期總額加起來都可以買兩輛機車了，很多人還是義無反顧地分下去，反正現在有車騎最重要，繳錢算什麼，那是好久以後的事呢。

再來談談借貸習慣。

在臺灣，借錢、欠錢都會讓人很不好意思，但在菲律賓，這就是他們的日常。

若你在菲律賓長期生活卻從沒被菲律賓人借過錢，真該自我檢查一下身體是不是哪裡有毛病，讓他們壓根不想和你說話，因為無論你的社經地位如何、和他們

鬥雞是菲律賓男人的閒暇娛樂，有點像臺灣的釣蝦吧？

熟不熟，都有極大的機會被要求借錢。

根據菲律賓央行的統計，有八十%以上的菲律賓人曾經或正處於借貸狀態，其中四十七．一%的人仍然處於債務狀況中，而三十三．八%的人目前已經停止借貸。然後有超過四分之三的菲律賓人曾經向當鋪借錢，這也是他們當鋪比銀行還多的原因。

為了因應菲律賓人愛借錢的習慣，很多企業甚至明文訂定借貸規定，例如可用零利率預支下個月的一半薪水。為何要特別規定呢？因為要是不事先規定，很可能產生私人借貸，到時若無法還款或出現高利貸（兩種情形都很常見），將衍生更多麻煩。

另外，菲律賓人的借貸理由無其不有，最大宗通常是天災人禍、家人生病，家中整修、日常採買金不夠也很常見，反正他們並不把借錢視為一件「害羞」的事。在他們的思維中，借錢再正常不過。向你借錢的同時，可能也有人正欠他錢，大夥你借我、我借你，只差沒有圍成一圈玩大地遊戲。

正因為借錢是如此的自然，菲律賓人從來不會把還錢放在心上。

還錢日當天，他們通常會主動告訴你，他資金周轉不靈，可否延期還款，然後在延期的過程中又借了另一筆錢。如果你運氣好，他可能會零零星星還錢，如果你運氣差，就會看到某個前幾天死命哭窮的人現在握著飲料把酒言歡，一點也不像家中發生巨變的欠債人。

奇妙的是，菲律賓人的收入或許不高，消費力卻非常驚人。

你想想嘛，錢都沒存下來，花到哪裡了呢？當然是消費掉了，這也是菲律賓的民間消費占GDP總額七十%以上的原因。其實根本不用透過這種宏觀數據就能輕鬆發現，菲律賓人真的很能花錢，每次S&R、SM、Robinson等大型購物中心推出優惠活動時，絕對是車水馬龍，人多到像蝗蟲入侵，忍不住想請薩諾斯多彈幾下手指。

與此同時，由於菲律賓人極度重視派對，除了各村莊固定時間舉辦的聖日（Fiesta），生日、媽媽大壽或任何值得慶祝（像屋頂裝修）的事，他們都不會放過，一定要辦個體面的派對讓大家來吃吃喝喝。

派對之重要不僅限於有錢人，即便平常買杯啤酒都要多想十秒鐘的中下階級，遇到這些場合還是會打腫臉充胖子，借錢也要辦，而且是哭爹喊娘地借，好像不辦派對就無顏面對江東父老，永遠無法在鄉親面前抬頭。這點也呼應了前述的借錢習性，在他們價值觀中，借錢完全不丟臉，沒花錢辦派對反而比較沒面子。

這下你知道為什麼很多菲律賓人都在借貸的死亡迴圈中打轉了。

欠著也是一種風格

欠錢未還清這狀態對一般臺灣人來說，感覺就像毛毛蟲爬進衣服裡，渾身不對勁。但對菲律賓人來說，欠別人錢就像吃飽飯忍不住想睡午覺，再平凡不過。

套句九把刀名言，欠著也是一種風格。

很多菲律賓人長期處於「穩定欠錢中」的狀態，而且這並不是窮人的特權，因為這些人欠錢的同時，很可能有一筆錢「正被借走中」。

換言之就是某種你借我，我借他，他又借他，大家借來借去而達成的恐怖平衡。

你可能猜想，是不是因為他們真的太窮還不出錢呀？的確，很多人生計困難，我身邊很多工廠工人的薪資水準都只能剛好跨過生存門檻，而他們拿到薪水的那一天，絕－對－不－會－想到先還錢。

每每遇到發薪日，就會看到百貨公司、遊樂園等各種消費場所人口暴漲，再不然就是大夥相約暢飲，今朝有酒今朝醉，壓根沒把還錢這種事情放心上。反正是穩定欠錢中嘛，那就繼續穩定下去吧。

這種態度可說是菲律賓人生活的縮影，把及時行樂這虛無的概念執行得體無完膚。

全民一起當月光族的惡習之下，導致只要發生任何特殊事件，像是生病、意外、老婆生產或生日派對等，菲律賓人就需要借錢，借了又不還，就這樣不斷惡性循環。

雖然講起來好像很悲傷，但菲律賓人根本沒放在心上，生活態度絲毫不受債務影響，倒是借錢給他們的臺籍幹部經常幹聲連連，卻也無計可施，到了後來，只能用「從薪水扣繳」這類強硬手段。

我買過幾次樂透，連最小的獎都沒中

生日沒請客比欠錢還丟臉

有句俗語說「打腫臉充胖子」，菲律賓人大概就是用面目全非腳踢成的超級胖子。菲律賓人非常好面子，尤其堅持在一些特別的事情上。

舉例來說，生日當天，菲律賓人一定要請同事吃東西，而且不能隨便請個雞排珍奶，一定得準備像炒麵、炒米粉、義大利麵這種主食，分量則必須超過二十人起跳。

為何如此大費周章呢？因為對菲律賓人來說，壽星在生日當天能夠提供的餐點，會被當成別人衡量你財富等級的標準。

如果只端出三人份炒米粉，自然顯得你家境寒酸，若想夠面子，必須擺出琳瑯滿目的自助式餐點，廣邀鄰里街坊共襄盛舉，這樣才叫真正的氣派。

如果你真的是枚窮光蛋呢？菲律賓魯蛇並不會乖乖屈服，反之，他們會為了生日派對到處借錢，只為了能在生日當天……請別人吃炒米粉（？）

這種欠人錢不丟臉，生日沒請客才丟臉的價值觀，咱們臺灣人著實難以理解。

當然，總有些人實在是籌不出錢，他們就會在生日當天裝病。有些聰明的菲律賓人甚至好幾天前就開始醞釀生病，反正只要不出現在工作場合，就不用接受生日卻空手而來的嘲笑了。

如此病態的愛面子，簡直和紐約上東區貴婦一定要擁有某個名牌包的行徑有過之而無不及。

類似行徑當然也不限於生日，舉凡村莊的聖日（fiesta）、兒女畢業、父母大壽，只要是稍微特別一點的日子，菲律賓人都必須弄點什麼來顧全面子，不管財力多弱都難逃一劫。

我不太喜歡這種「強迫式慶祝」，當一切變成固定儀式後，慶祝的喜悅便大大削減了，變成是為了符合社會期待所必須完成的任務。

也或許在菲律賓人看似愛面子的背後，還有更深厚的社會倫理牽制著，只是我沒看出來罷了。

菲律賓薪資大解密

一看到標題寫薪資解密，肯定有不少人馬上興奮抖了一下，以為我要大談臺灣人外派的薪水，只能先說聲抱歉，這篇文章討論的重點不是臺灣人能在菲律賓領多少薪水，而是分析「菲律賓人能在菲律賓領到多少薪水」。

知道菲律賓人的薪水要幹嘛？

我哪知道你要幹嘛。這資訊在每個人眼中都有各自不同的看待角度與解讀空間，慣老闆們很可能就會想盡辦法將菲律賓人的薪水壓至最低（根本不用看我寫的，他們早已這麼做並行之有年）；若是在臺灣領23K的可憐勞工則可藉此自我安慰一番，所謂一坑還有一坑深，能身在臺灣豪領23K，已算是首抽運氣好，祖上積了不少陰德（拜託你不要這樣想）。

也要說明，撰寫此文（二〇一八年六月）時適逢菲律賓推行新法案，法案內容牽扯到不少薪資調整與稅法，文內提到的數字時至今日可能會有些許變動，但變動幅度不大。另一個前情提要則是目前披索對臺幣的匯率：一披索等於〇．五七臺幣，也就是一百披索等於五十七塊臺幣。

首先來了解一下菲律賓的最低薪資。菲律賓在二〇一七年十月剛剛修訂了最低基本薪資的相關法規，目前的最低標準薪水從南方各偏遠小島的兩百五十五披索，到市中心馬尼拉的五百一十二披索。

各地薪資落差怎麼會這麼大呢？

由於菲律賓的面積是臺灣八倍之多，國土分布又如碎紙片，島嶼四散，除非和習大大一樣專制霸氣，不然地方又大又散，規則很難統一。我猜想這樣的薪資設定是根據每個地區的消費水準不同，為了符合各地的風俗民情，因此有不同的標準。

在馬尼拉領五百一十二披索是什麼概念？

特此聲明，五百一十二披索是日薪，不是時薪。算一算，若以現今匯率加上每天工作八小時，在首都馬尼拉工作的菲律賓人，一小時的工資不過三十八塊臺幣，吃碗泡麵想加顆蛋都得多想五分鐘（雖然低得可憐，不過還是比在臺灣當義務役整整多了二十九．五塊呢）。

領這樣真的夠用嗎？當然不夠！但菲律賓人大多樂天知命，錢有多少花多少，理財書擺在書局長蘚了也沒人會去碰。從一堆年輕人會用兩倍利息的貸款買機車就看得出來，這是一個國民財商仍然相當低落的國度。

當然，不可能整個國家的菲律賓人都這麼喜憨，還是有許多有遠見與抱負的菲律賓人，正在為這個不平衡的薪資結構奮鬥，菲律賓的勞工團體正積極爭取將全菲各地的最低薪資都調整成七百五十披索（數字因勞團不同有些許差異）。

根據菲律賓一社會研究團隊（ibon）指出，目前在馬尼拉一家五口的日消費額是九百七十三披索，一家六口是一千一百六十八披索。這樣看來，最低日薪的五百一十二披索不只吃泡麵加蛋要多想想，根本連過最基本的生活都捉襟見肘，更何況愈窮的家庭傾向生愈多孩子。一位勞團抗爭團員就說：「現在的薪水能買個屁啊，買個米和魚罐頭就沒錢了，而且米還一直漲價！」

關於薪資的抗爭並不是最近才開始的，只不過二〇一八年正好適逢杜特帝總統積極推動最新稅法（TRAIN / Tax Reform for Acceleration and Inclusion），由於法規內容將影響全菲勞工的權益，勞團也趁此勢頭強力訴求提高最低薪資，目前看來政府似乎有點軟化的跡象，還有待後續的發展。

另一方面，勞團也訴求全菲律賓各地統一最低薪資，主張偏遠地區的消費水準較低是個假議題。因為愈偏遠通常代表物品含有運輸成本，價錢常常比首都馬尼拉還高，對於偏遠地區的一般人民來說，給予較低的薪水根本就是變相剝削。

看到菲律賓的基本薪資與勞團的抗爭怒吼，是否有些共鳴呢？果然大家都是生活在亞熱帶的東亞好同胞，菲律賓勞團的呼喊和臺灣勞團的訴求差不了多少。

像薪資標準這種賽局模式的經濟議題，我們永遠不知道要怎麼正確解決，我只知道，當人民認真工作，卻連最基本的食衣住行都過不好的時候，政府就不能只把責任推給那隻看不見的手，而是該實際做些什麼。

那麼，各行各業的菲律賓勞工同胞們到底實際領到多少錢呢？畢竟又不是說最低薪資23K，全臺灣人都只能領23K。

根據菲律賓當地求職網的統計數據，馬尼拉勞工的平均年薪是三十七萬兩千兩百八十八披索，其中最熱門的工作選項是電話客服人員、工程師、銀行職員等。若換算成臺幣，月薪大約是一萬七千六百八十三塊新臺幣，日薪大約是五百八十九塊，比曾志偉還低。況且求職網統計的資料通常會灌水，因為沒有涵蓋那些不在合約中的低薪黑工。

由於官方統計數據往往不夠客觀，就像我和祖克柏的平均年薪都可以破億，整個沒參考價值，因此我做了點私人調查，藉由搜尋和親口詢問，試著探索菲律賓人實際領到的薪水。雖然樣本數不能與求職網相提並論，但一個個肉身給予的答案至少真實性感覺比較高，不過畢竟是小樣本資料，數據多少和事實有些出入，而且我問到的人很可能剛好就是個例外或是胡說八道的騙子（相信我，在菲律賓胡說八道的人有夠多）。

——門口警衛，不分男女三百披索+／日。我覺得警衛應該是菲律賓最入門的工作之一，總感覺很多無技能在身的人都來當警衛，不過他們都配有真槍實彈，所以還是要經過證照考試之類的。

——家中／旅館打掃三百披索／日

——速食店結帳人員（上工半年）三百八十披索／日。Jollibee、麥當勞、肯德基，所有速食店的結帳員好像都是領最低薪資。

——超市結帳人員（上工一年）三百八十披索／日。超市一樣是領最低薪資，而且調薪範圍很小。

——工廠員工三百八十披索+／日。這是我們工廠的狀況，會隨著經驗職等加薪，而且每月還有許多獎金。

——煮飯阿姨四千披索／月，隨經驗加薪，包吃住。這是我覺得在菲律賓最莫名的低薪工作，明明需求超大供應超少，薪水還是低得可憐。

比較高薪族群有：

——銀行櫃檯人員（上工一年）大約一萬披索+／月

——Call Center 員工一萬五千到一萬八千披索+／月。這是菲律賓工作的大宗，因為他們英文程度較好，市中心有很多大型的電話客服中心。

——辦公室管理職兩萬兩千到兩萬五千披索+／月

——老師（一年經驗）一萬五千披索+／月

——老師（十五年經驗）兩萬四千披索+／月

——醫生三萬五千披索+／月。醫生的薪水範圍應該很廣，我只是問一個同事他知道的薪水。

——參議員四萬五千四百二十五到五萬兩千零五十二披索+／月

——副總統五萬兩千兩百到六萬兩千九百一十七披索+／月

——總統杜先生六萬七千七百五十披索+／月

最後兩個政府官員的薪水都是網路查的，他們實際拿到多少，端看每個人良心的陰影面積有多大。

調查到此結束，從低於最低標準薪資的答案就知道，官方數據很可能已經灌了不少水，低薪環境中還有更低薪的黑工竄流著，菲律賓社會的灰色地帶畢竟比臺灣還大上不少。

來菲律賓前，每隔一陣子就會看到新聞說臺灣要被菲律賓超過了！臺灣要變下一個菲律賓了！來到這裡後真心覺得，GDP這類數據可能會超過，但要說生活品質、人民素養，臺灣還是領先不少。的確，豐沛的內需市場確實讓菲律賓的未來感覺比臺灣光明一點，但實際在這裡生活，真的感覺不到一點進步城市該透露出來的氣息，或許是我太遲鈍，也可能真的只是黎明前的天空最黑暗。

小包裝文化

有句話說「麻雀雖小，五臟俱全」，到了菲律賓，該改成「零食雖小，還是很鹹」。

菲律賓超市內有超級多小包裝產品，不論是洋芋片、泡麵、各種零食，全都小到一個不可思議，打開來大概五口就吃完了。一次吃一包，淺嘗即止，按理說非常適合拿來管控宵夜量，但我常常不小心就一次吃掉三、五包，因為一包的量實在太少，只能起到開胃作用。

沐浴乳、洗髮乳、牙膏統統都有超小包裝，弄得很像旅行包，對旅客來說倒是很方便，但一間超市裡的旅行包比正常包裝的數量還多，這真的很少見吧。除了旅行方便，如果你是喜歡變換沐浴乳口味的人，轉換成本超級低，一包大概一星期不到就洗完了，馬上可以喜新厭舊投懷送抱。

為什麼會有這麼多小包裝產品呢？背後原因有點心酸——因為菲律賓人的薪水實在太低了，很多家庭無法負擔一整瓶洗髮乳或沐浴乳的費用，只好一小包一小包買，領到周薪時就買個兩包。

你可能覺得這是變相剝削，因為小包裝在臺灣通常比較貴，但我稍微計算過，發現菲律賓的小包裝加總後的價格和大包裝差不多，有時甚至同樣價錢。不知道是菲律賓商人良心發現，還是真的不 care 這種小錢，反正買小包裝絕對不會貴太多。

不過買零食或泡麵時，可能就要注意一下。有時候呢，大包裝和小包裝的口味與口感會有點差別，箇中原因我也不清楚，但就是不一樣。有時小包裝比較好吃，有時相反，只能自行體驗與親身實驗，沒個準。

百善孝為先

古語說百善孝為先，華人世界裡，孝順一直是相當被看重的美德，反觀西方國家的語言系統裡，根本沒有貼近「孝順」的單詞，這大概就是不同文化下所誕生出完全不同的語言產物。

鏡頭跳轉到曾被各路人馬統治過的菲律賓，「孝順」的概念是如何執行呢？在我看來，菲律賓人非常孝順，同樣要繳孝親費不說，而且很重視「家」。

某次與菲律賓客戶交談時，發現他們第一次購買瓷磚往往不是自用，而是為了裝修老家的客廳或浴室。這引起了我的好奇，為了獲得更準確的資訊，便進一步詢問菲律賓同事，問他用瓷磚裝修老家是否算是某種形式的孝親費？他給了我肯定的答案。

他說在菲律賓，每個孩子領到的第一份薪水，大多會全數交出來以回饋父母多年的養育之恩，這筆錢可能用來裝修地板（瓷磚），可能用來購買新家電，總之不管你薪水多少，就是全部拿回家給父母，任由他們擺布。

傳統做法是把你拿到的薪水袋原封不動地交給父母；如果公司是用匯款的，有些菲律賓人為了維持傳統，會特意把錢領出來，裝進像薪水袋的信封內，以完成整個孝順儀式。

有趣的是，大多數菲律賓人平時都沒有存錢的習慣，所以一旦把薪水全交出去，也就直接宣布進入破產模式。這時便得繼續仰賴父母每天給一百五十到兩百五十披索的零用金，以做下個月上班時的餐費。

雖然這無怨無悔的孝順有點浪漫，但才剛領到第一份薪水，馬上又回到媽媽給我五元的生活，實在有夠蠢。

另外一點小補充，就傳統習慣來講，若你拿到第一份薪水時已經成家（在菲律賓，十八歲就當爸媽挺正常），便可以名正言順跳過孝順儀式。不過還是因人而異。

家庭向來是菲律賓人甜蜜的負擔，如果你是家族中擁有賺錢能力的人，可能不只要孝順父母，連兄弟姊妹都得一起孝順，讓他們得以不上班也能去購物中心吹冷氣、吃冰淇淋，完全就是能力愈強責任愈重。

打算選擇菲律賓人做為終身伴侶的臺灣同胞們，記得好好和另一半溝通財務關係的分際喔，不然他們可能會覺得，你來負責養活他們整個家族是件再正常不過的事。

PART 3

菲國社會觀察

母系社會？淺談菲律賓女性的社會地位

剛來菲律賓不久就有長輩和我提過菲律賓是母系社會這件事，當年的我還沒培養出實事求是的精神，聽聽也就信了，一直都這麼認定，甚至曾在舊文中直接把菲律賓寫成母系社會，結果被抨擊「菲律賓才不是母系社會，你這文盲」！

因此這篇文章將特別好好研究菲律賓到底是不是母系社會，或只是阿密特在亂吼亂叫，再順便探索一下菲律賓女性的社經狀態，看看這個被評為世界一等一的女性平權國家，到底性別意識走在多前面，是不是女人點 Jollibee 都不用排隊直接抓了雞腿就啃。同時也讓想娶菲律賓女孩為妻的人，在徹底融解於菲律賓文化之前，從更高的視角了解一下菲律賓女性。

首先，正如此文一開始點明的，菲律賓不算是母系社會。

根據維基百科的解釋，母系制度的社會通常有母系繼承制、從妻居、重視舅甥關係、從母居以及舅舅擔任家長的情況。在母系社會中，原生家庭的子嗣被嚴格歸類為母系親屬成員，繼承母系的姓氏、財產，並共同祭祀母系的祖先。

菲律賓雖然擁有母系社會的民族，好比北呂宋的 Bontoc 族就和臺灣的阿美族一樣屬於純正的母系社會，但以繼承權和姓氏這兩大辨識點來說，很明顯，菲律賓人的姓氏大多還是跟著父親。

那麼為何一直有菲律賓是母系社會的錯覺呢？因為大多數人都把母權社會與母系社會混為一談了。

母權社會是指女性在家族與公共權力上占據主導地位，但請注意，目前社會學並沒有把任何一個國家或民族歸類為母權社會，可能是定義尚未真正完備（比如何為主導？占多少比例算主導？）。而在菲律賓傳統家庭中，女性的確擁有比男性更大的掌控權，這點無庸置疑。而且菲律賓女性在社會、政治、專業各領域，對比於世界中其他女性，都占據相對高的位置，更不用說對比其他第三世界國家，菲律賓簡直是把女性捧為掌上明珠。

二〇一八年發布的《全球性別差距》報告以「教育」、「醫療」、「經濟」和「政治」四大指標，追蹤了一百四十九個國家的性別差距狀況，菲律賓名列第八，躋身亞洲

第一。泰國是七十三名、中國一〇三名，日本更是掉到一一〇名。（臺灣並未列入報告，哭哭）

菲律賓甚至在經濟參與這項指標上達到了完全平權，代表：一、菲律賓女性的薪資不會低於男性；二、菲律賓女性的工作機會不少於男性；三、菲律賓女性擔任管理職位的機會也不會少於男性。

聽起來簡直完美，居然如此平權，各位女性同胞是不是開始羨慕起菲律賓女性，覺得菲律賓真的好棒棒，看似發展中國家，沒想到性別意識這麼先進。

但實際狀況嘛，我覺得與上述數據有些出入。

在我的觀察中，菲律賓女性在家中大多擔任財管，必須控制家庭財務狀況，同時也是家庭主婦與孩子們的養育者，不管有沒有外出工作，這幾乎都是女人的責任。但說她們真的是家中的掌權者嗎？毋寧更像無私的奉獻者。

菲律賓男人，好一點的會出門工作，提供金援，糟糕一點的往往連錢都是老婆賺回來的，自己整天鬥雞喝啤酒串門子。因為不能離婚，導致許多女人必須與一個廢物老公長相廝守，甚至遇到家暴問題也無從解決，這實在不應是平權國家該出現的狀況。

至於教育方面，雖然數據顯示男女教育機會接近平權，但我發現這只限於家境好的人家，如果家中狀況比較不優渥，女孩子常常還是被犧牲的那一個。最常見狀況就是姊姊犧牲教育權讓年輕的弟弟上學，自己轉為擔任家管的角色。

工作上，菲律賓CNN報導提到，在一份人事研究報告中，有七十六％女性受試者反應曾在職場遭受不平等與偏見的對待，還有十七％女性受試者表示，面試官異常關心她們未來是否考慮回歸家庭角色（怕生完孩子就不回來了）。

更不用提菲律賓總統杜特帝本身就是一位超級性別歧視者，雖然我不太喜歡因為別人說了幾句話就給人家扣上性別歧視的帽子，但杜老爺的確是當之無愧毫無疑問的超級性別歧視霸王，多次拿強暴、女

擺攤擺到有點厭世的阿姨

人的性器官在公開場合「開玩笑」，就連對亂講話接受度這麼高的我都覺得他的發言實在有夠不尊重人。

以上種種都顯示，菲律賓的男女平權的確還有很長的一段路要走——其實大家都還在這條路上掙扎前進，能走到哪沒人知道，畢竟那是沒人去過的地方。

欸，一下說很平權、一下又說不太平權，實在不知道在寫什麼碗糕……

平心而論，菲律賓的社會氛圍至少不會讓人感覺不尊重女性，更精準地說，菲律賓是一個不太會歧視的國家，可能是曾被多個國家殖民的複雜背景讓他們對於各種文化的接受度都很高，也比較不會去欺壓弱勢族群使然。

菲律賓男的自覺

「菲律賓男生好像特別怕女生？」

菲律賓曾是母系社會，直到現在也是東南亞女權靠前的國家，不知道是不是因為這層緣故，或純粹是菲律賓男人太沒責任感，反正我認識的菲律賓男生，（大部分）都有個控制欲特別強大的女友或老婆。

怎麼說呢？

像是三餐飯後的電話問候（報備），就是身為菲律賓男人的基本自覺。親眼目睹過菲律賓男同事不小心漏接了老婆某一通來電，神情中那股風雨欲來的慌張，實在讓人難以忘懷。

我問他：「不覺得照三餐打電話報備很麻煩嗎？」

他說：「這是一個好男人該做的事情。」

我實在無法接受這麼虛偽的答案。

除了電話報備，男女交往之中還有個特別重要的儀式，那就是「周月慶」

（monthsary），簡單來說就是每個月都要慶祝一次「雙方持續交往中」。

慶典當天，男方送女方禮物是基本，女方是否回送則因人而異。據說這種不成文的周月慶習俗會在雙方結婚後自動解除。

但可別以為結了婚就可以放鬆了，根據同事轉述，周月慶會被結婚周年慶取而代之，你必須把十二個月的預算全部集中成一筆，送禮難度大增。

上回我和兩位菲律賓同事去廣州出差，一路上看著他倆汲汲營營地尋找紀念品，送禮物給老婆這件事彷彿是他們心口上的硃砂痣，每半小時就問我一次哪裡好買？何時可以逛街？好像沒買到好禮物，一過菲律賓海關就會給閹了。這情況直到兩人各買了一個背包之後才好轉，我明顯感受到那片渾厚的烏雲已從他倆心頭散去。

我問他們：「不覺得老要送禮很麻煩嗎？」

他們回答：「菲律賓女人總是期待伴侶有許多浪漫作為，不這麼做的男人就會被歸類到壞男人，一旦被歸類就很難翻身了。」

好吧，這點倒是普世皆通，只不過世界各地執行的程度不一。

總之，大家辛苦了。

聊聊菲律賓女孩

待在菲律賓的五年期間，我總有些臺灣友人對菲律賓女孩充滿好奇，想知道和菲律賓女孩談戀愛怎麼樣？如何調情？她們主動還被動、熱情還冷淡等。

愛來愛去的話題本來就很流行，我也對這議題有點興趣，但沒親自下海與菲律賓人談過戀愛，自覺寫起來不夠深刻，沒什麼說服力，很怕像某些狗屁愛情專欄一樣說得一口好戀愛，結果自己變成拜金女郎。

但就當大夥兒姊妹淘團聚，喝個咖啡交換些女人心事吧，也讓那些對菲律賓女孩有興趣的人一窺與她們交往的概況，避免一頭熱掉進愛情的陷阱之中，到時候發現和自己想像差距之大，後悔也來不及。其實來得及啦，不要把對方肚子搞大應該都還來得及。

廢話不多說，讓我先用簡單的優缺點來分析，菲律賓女孩會是理想的交往對象嗎？

當然，下述優缺點主要從客觀角度探討，漂不漂亮、性不性感這種自己才能判斷的事情就不列入討論了。

優點一、能做你的開心果

這其實無關男女，應該是整個菲律賓的民族性；他們天生擁有「快樂」基因。

總體來說，大多數菲律賓女生都相當活潑外向，擁有巨額的正能量，我在公司總能輕易聽到她們的狂笑或尖叫，雖然有點吵，仍能感受到那股快樂滿溢。

這種自 high 的能力不是想學就學得來的，硬要學更顯得彆扭，但菲律賓女孩天生擁有這項能力，要是你工作累了一天或是車子突然連爆兩胎，她們總能當你的啦啦隊，跳一段愛情恰恰，適時幫你解除低落情緒。

當然，若你受不了伴侶老是這麼 high，口袋撿到一百塊也要跳霹靂舞，那菲律賓女生可能就不適合你。

優點二、不只得到女友，很可能多出一個老母

在臺灣若交個女友，可能得開始學習怎麼照顧人，但交個菲律賓女友完全不會有此問題，大可放心地繼續當媽寶小廢柴。

因為菲律賓人，特別是菲律賓女孩，很喜歡也很擅長照顧人，如果有舉辦照顧人王者爭霸賽，她們絕對是坐在寶座上連任二十八屆的女皇。

她們會幫你打掃、整理衣服、在你上班出門前幫你把需要的東西都準備好，甚至不時來個突襲小按摩，確保你時時刻刻感覺被「愛」、被「照顧」。

除此之外，她們特別喜歡煮菜餵食伴侶——但菲律賓菜那麼難吃，這似乎不算什麼特別的優點。反正若和她們交往，你絕對可以做個茶來伸手飯來張口的小懶蟲，只是張的頻率會很高，因為飯太多會一直來。

優點三、不用擔心丈母娘不喜歡你，要擔心的是丈母娘太喜歡你

菲律賓人是非常家庭導向的民族，所以和菲律賓女生談戀愛要有心理準備，她整個家族可能都會和你談戀愛。

只要是真心誠意打算和任何女孩談長久的戀愛，家庭聚會都是免不了的關卡，而在菲律賓，這種「見公婆」的聚會往往很輕鬆，全家族成員都會把你當成一個ＶＩＰ客人，準備大量的傳統美食款待，並且熱情地邀請你一起唱卡拉ＯＫ。不會唱〈流星雨〉？先扣五分。

千萬不要因此志得意滿，他們這麼熱情，不是因為你是加多寶涼茶中國好女婿，而是這就他們處世之道。很少聽見菲律賓女孩的媽媽挑剔女婿不夠好，你該擔心的反而是媽媽太過熱情，一下子就把你當成自己兒子。

優點四、不會有公主病

菲律賓女孩幾乎沒有公主病，反之，我們在她們眼中還有點王子病。

由於生活條件較差（大多數），菲律賓女孩對於各種艱難的環境適應力都比我們強上許多。舉個例，要是入住一間沒有蓮蓬頭也沒有熱水洗澡的民宿，她們絕對處之泰然，用臉盆洗澡而已嘛，比用腳挖鼻屎還簡單，根本沒什麼大不了。廁所沒衛生紙？那有什麼關係，來人啊，給我個小水瓢，馬上弄得清潔溜溜。

也因為她們對於環境的需求門檻很低，往往是很好的旅伴，若想一只背包走天涯，菲律賓女友絕對是個好選擇。

講完了菲律賓女孩的優點，你是不是鬍子刮好準備出門獵豔，把菲律賓女生帶回家好好疼愛呢？各位兄臺刀下留人，出手之前再多想幾分鐘，聽完我揭露和她們交往的缺點，再重新評估一下不遲。

缺點一、超級大醋罐

菲律賓女生不信任男人。

這點其實情有可原，菲律賓男人（或說全世界男人）很大的比例都不太值得信任，但菲律賓女孩的嫉妒心相當外顯，完全沒有要遮遮掩掩的意思。而且這種嫉妒往往無線上綱，有時候你可能啥事也沒做就被怒罵一頓。

舉個例，假設你倆一起逛百貨公司，突然有個女孩盯著你看了超過三秒，或是被她發現你和某個女孩不小心對看了一眼，街絕對不用逛了，當日主題馬上從逛街變成「為什麼你不能做個專情的男人？第五十七集」。

交了菲律賓女友，不用說紅粉知己了，直接和所有異性友人說掰掰吧。她們不知道是被騙過太多次還是怎樣，通常都有嚴重的信任問題。我朋友曾經分享，只因為他某天上班忘了穿制服，他的吃醋女友就懷疑他當天沒去工作；要是傳訊息沒有秒回，他女友就懷疑他在偷吃；按了某個女生朋友的po文讚？準備開戰一整天囉。

菲律賓女生不信任男人，也不信任菲律賓其他女人。雖說菲律賓的渣男比率挺高，但菲律賓女生的緊迫盯人也超過了正常範疇，因果循環也不知道是哪一方的問題，但這種看上去特別不健康的男女關係可說是他們的日常。

缺點二、理性討論不是她們的強項

若和菲律賓女生吵架，她們會對你大吵大鬧、摔東西或不再和你說話。打算好好討論你們所面臨的「感情問題」？別傻了，你得不到這場理性討論的。

她們看待事情異常「黑白分明」，只要覺得錯的事情幾乎就沒有討論空間，再加上善於聽信讒言——你也知道，菲律賓女性虔誠到近乎迷信——很容易相信LINE群組內傳的超廢長輩圖或是任何三姑六婆說的瞎話，一不小心就會掉入讚嘆師父的圈套中。

舉個例，前陣子有位酒駕的機車騎士行經Balate街時撞進了一群人，騎士身受重傷，那群人中兩人死亡。這件事情若要歸因，當然就是酒駕造成的，但對她們來說，Balate盛傳以久的白衣女子鬼故事傳說才是這場事故的主因。（關於白衣女子，請見三〇二頁）

想說之以理？省省力，一起來讚嘆白衣女子的神力吧，燒毀！

缺點三、你不是只和她交往

分析優點三時就說過，菲律賓人是非常家庭導向的族群，這種傾向本來很好，全家族互助互信互愛，大家互相幫忙，一個人折不斷的樹枝，約全家一起來折就是了，而且菲律賓人特別敬老，家族的年輕一輩會自動自發地讓老年人的生活更輕鬆。

再說一次，這種特質原本是好事，但菲律賓家族又大又雜，所謂樹多有枯枝，人多有白痴，你總是可以在菲律賓家族裡面找到那麼一、兩個 Black sheep（害群之馬），從內部侵蝕整個家庭，有時候運氣不好，Black sheep 比正常 sheep多，那可就糟糕了。

這些 Black sheep 仰賴著總有家族當靠山的信念，整天在家穿著內褲晃來晃去不工作，或到處惹是生非等別人擦屁股。礙於價值觀的捆綁，菲律賓家族成員多半乖乖「供養」他們，提供金援，讓他們繼續耍廢直到世界的盡頭。

別傻傻以為你可以隔岸觀火，當你和菲律賓女孩交往時，你就被認定是他們家族的一員。若有歪國人被牽扯進來，有時候還會全家一起施壓，透過女友說服你成為全家最大的金援者、互助圈裡面最偉大的供應者。注意，全球最大金援者上線囉！

當然，不是每個人都會遇到這種狀況，但你必須把此特點牢記在心裡，有時候她們會等到完婚之後才把你列入互助圈，想賴也賴不掉，除非你想變得比那幾隻討厭的

Black sheep 還黑。

憂喜參半嗎？心裡七上八下嗎？再重申一次，我沒有和菲律賓女孩談戀愛的經驗，以上資訊皆透過觀察、詢問與搜尋而來，若有不準確或含有偏見應該也很正常，我已盡量讓優缺點並存，幫男性朋友認真把關。

話說回來，優缺點在不同人眼中，由於解讀或個人喜好的不同，常常會優點變缺點、缺點變優點，實在也說不準。再來，戀愛本就不是ＳＷＡＴ分析，緣分與機遇還是占了很大比例。俗話說「愛到了卡慘死」，有時候也不用分析那麼多，感情這種事，還是卡慘死比較重要。

頭髮溼答答

如果有幸與菲律賓女生一同工作，你一定經常看到她們頂著一頭溼答答的秀髮。

這可不是什麼今夏最 in look 或造型噴霧還沒乾，純粹就是溼的，有時頭髮甚至還在滴水，很像下大雨忘記帶傘就衝來上班。

無論太陽天或下雨天，人擠人的咖啡店，菲律賓女孩的頭髮總是那般溼情畫意。

為什麼頭髮不吹乾呢？我好奇問過好幾位菲籍同事，他們都給我一個差不多的答案。

沒空把頭髮吹乾。

菲律賓人很注重早上出門清不清爽，所以大多數人都會在上班前淋浴，又因為大概八成以上的菲律賓人家中沒有吹風機，且菲律賓女生酷愛長髮，所以頭髮到公司時通常都還沒乾。

菲籍同事還跟我說，在菲律賓，吹風機是有錢人和IG名流在用的東西，市井小民都嘛是自然風乾——看來在菲律賓的我也算是個高檔名流。

在菲律賓工作時，早上經常看到很多菲律賓人歪著頭撫摸他們的秀髮，我猜應該是在把頭髮擰乾？其實不只女生，有些男生的頭髮同樣溼答答，只是短髮比較沒那麼明顯。

話說回來，不就是希望早上有清爽造型才洗澡的嗎？結果搞得頭髮溼答答地來上班，到底清爽在哪裡，我想只有海倫和仙度絲才能解答了。

不能離婚的菲律賓

正如某個大富翁角色的口頭禪「請神容易，送神難」，若你祖上積陰德，有幸與菲律賓當地女性結為連理，後來卻發現事態不妙，將得知什麼是「結婚容易，離婚難」。

猶記得我剛到菲律賓沒多久就聽同事提起菲律賓人不能離婚的八卦，不管你的老公或老婆多麼爛，成天在外頭搞多人運動，小三多到手指頭加腳趾頭都不夠數，不能離婚就是不能離婚。原本我以為菲律賓人不離婚是種選擇，或許是宗教價值觀的束縛，幾經查詢後才赫然發現，原來菲律賓真的明文規定不能離婚。

是的，現今世界上只剩下兩個地方不能合法離婚，一個是人口數僅一千人的宗教聖地梵蒂岡，另一個就是菲律賓。

很難想像一個擁有近一億人口的國家居然禁止人民離婚，其實不算禁止，是壓根不存在離婚這條法規，就像你在愛斯基摩買不到冰箱，因為政府認為根本沒有這個需求。

而這之中，很大的原因當然是宗教信仰。菲律賓有八十%以上人口屬於虔誠的天主教徒，在神聖的教義中，婚姻要不要取消不是你能決定的，神不給的你不能要。看看臺灣的護X盟團體就知道，某些教徒對婚姻有多麼重視，連別人結婚都忍不住要多管閒事。

當然還是有例外，菲律賓約有十%人口是穆斯林，他們是允許離婚的，因為他們有自己獨有的法律，就是穆斯林家庭法。

另一方面，菲律賓並不是從古至今都禁止離婚。在西班牙殖民期間（一五二一～一八九八年），由於西班牙同樣是天主教的狂熱信徒，因此明文禁止離婚。進入美國殖民時期（一八九八～一九四一年）後，在較自由的風氣影響下，菲律賓法院曾於一九一七年頒布了相關的離婚法：若是結婚伴侶犯下重罪、通姦或私下納妾，伴侶可以申請離婚。由於條件不容易達成，加上西班牙殖民三百年遺留的習慣，儘管法規允許，真正辦理離婚的菲律賓人依舊非常稀少。而在短暫的日本占領時期（一九四一～一九四六年）內，雖然進一步開放離婚條件，因為時間太短，戰爭結束後，日本制定的相關法令很快就被禁止了。

戰後曾有短暫的三年，菲律賓繼續執行美國時期的可離婚法規，直到一九四九年頒布新的民法，立法單位決定恢復西班牙殖民時期的法規，將所有離婚相關法條統統刪除。也就是說，再也沒有合法的離婚程序了，就算老公或老婆通姦七七四十九次，你也得乖乖遵守婚姻的神聖性。

如果你真的恨死了你的菲律賓老公或老婆的話，該怎麼辦呢？

不用擔心、不用煩惱，除了分屍以外還是有些比較健康與環保的選擇，讓你可以透過正當的程序，獲得想要的幸福。菲律賓雖然沒有離婚制度，相關取代方案仍是有的，分別是合法分居（Legal separation）與婚約取消（Marriage annulment）。

合法分居，就如同字面上的意思，夫妻可以合法地分開居住及均分家產，但在法律上還是保有婚約，所以不適用於想再婚或是不想在法律上擁有伴侶的人。若是再婚或有小三，合法分居的伴侶仍然可以對此提出告訴。

再說，若非要保護自身安全與分家產，就算你結了婚要分居，也沒人管得了你。

在菲律賓家庭法（Philippines family law）裡，只要達成以下條件其中之一，並能充分舉證，便可以寫請願書申請合法分居。

——重複性家暴

——強迫伴侶更換宗教信仰或政黨傾向
——接收賄賂或讓孩童參與賣淫
——宣判入獄超過五年
——毒癮
——蕾絲邊或同性戀
——重複結婚
——性無能或性變態
——伴侶無故失蹤超過一年

我認為「合法分居」應該無法解決大部分人面臨到的問題，所以更多細節這裡就不多加詳述了，接下來談談「婚約取消」。

婚約取消是透過合法程序來解除婚姻，但這和離婚不同，婚約取消是指徹徹底底消除婚約的程序，要是申請通過了，便表示你與伴侶從未結過婚，在法律上來說，你們的婚姻從頭到尾都不曾存在，猶如南柯一夢。

聽起來很棒呀？如果真要離婚的話，這不是很棒的選擇嗎？的確是，但婚約取消的過程非常複雜，除了耗時耗心耗力，花費也相當高昂。初略估計，完成婚約取消的法律程序大概要費時三到五年，預算大約是十八萬到二十萬披索，而且提案還有近六％機會將被駁回。

儘管如此，仍有相當多菲律賓人不畏艱難、前仆後繼地想逃離伴侶的手掌心。據統計，二〇一一年有九千一百三十三對伴侶申請婚約取消，二〇一二年漲到了一萬零五百二十八對，平均一天就有二十八對夫妻申請，真是一日夫妻百日恩，多待一天都受不了。

若真的準備好離婚，婚約取消的實際處理程序大致上是：確認資格↓找律師↓心理評估↓請願書↓預審與共謀調查↓審訊↓等待法院判決。（我非法律專長，也未親身經過此程序，以下皆為網路搜尋結果）

第一步：確認資格

首先，你得確認自己符合資格。以下幾個條件符合其一便可申請婚約取消。業界最流行的當然是心理障礙，因為灰色地帶最大。

——缺乏雙親許可

——心理障礙

——詐婚

——逼婚、迫婚

——性無能，身體障礙導致婚姻無法順利

——嚴重性病

第二步：找律師

或許是程序中最重要的一步。你的選擇將影響是否能夠勝訴，總體花費以及要花的時間。建議盡量選擇你能相信的律師，很多人可能是人生第一次找律師，一個不錯的做法是先找到朋友推薦的律師，再藉由該律師的引薦，找到熟悉婚約取消程序的律師。請小心任何宣稱自己能夠在幾個月內完成手續的律師，或是聲稱除了取消婚約外還能讓你大撈油水的律師；世界上所有的詐騙都從貪心開始。

費用的話，真的因人而異，平均收費是七萬到十二萬披索，除了出庭次數會影響費用，還必須考量律師的經驗，以及你是否還有其他法律問題需要一併處理，像是監護權、財產權等。

第三步：心理評估

因為業界最流行的婚約取消便是透過心理障礙，所以你與律師簽完合約之後，下一步便是做心理評估，找心理師或心理醫生。通常經過筆試與面試之後，醫生會開出你有心理障礙的證明文件，律師便會依此文件為基礎，寫出簡略版請願書。某菲律賓律師表示，若能請心理師前往法院出庭，將對整個案情大加分。

第四步：請願書

心理評估完後，你會與律師多次面談，他會將你陳述的事實加上醫生的評估，完成一份完整的請願書，上交法院。

第五步：預審與共謀調查

你的案子將被安排預審，法院也會請原告與他的伴侶一起到法庭接受「共謀」可能性的調查。因為菲律賓是不允許雙方同意接受婚約取消的。

第六步：審訊

在婚約取消的案子裡通常會有三個主要的出庭者，一個是你、一個是相關證人、另一個則是心理醫生。相關證人通常會是朋友、親人，也就是結婚時就認識雙方，並知道婚姻失和第一手消息的人。你的伴侶也會受邀出席，但幾乎沒有人會出席。

第七步：等待法院判決

最後一步，法院程序都跑完之後，就是無限期的等待法院判決了，期間當然有可能再次被招回審訊，次數因人而異。待法院做出了判決，你結婚所在地的民事登記屬（Office of the Civil Registrar）就會在你的婚姻資料上提出註解，便可知道婚約是否已正式取消。

看起來很複雜？讓我來給你一點自信，菲律賓總統杜特帝就是經由同樣的方式與前妻分開的，杜老大都可以了，你也做得到。也要再次聲明，以上資訊都是我從菲律賓律師網站搜尋的資料，本人未曾在菲律賓辦過任何相關手續，真要辦理手續的讀者，還請自行多方詢問，此資料僅供參考。

另一方面，我相信肯定比澳門線上賭場正式上線更讓某些人心花怒放的是，菲律賓正悄悄推動「合法」離婚。

二〇一九年五月二十日，菲律賓三讀通過了離婚法案，若參議院也通過，這項法案將成為法律，標誌著菲律賓朝離婚合法化愈來愈逼近（目前尚未通過）。然而，菲律賓人對此並非全數樂見其成，根據相關民調公司統計，約有三十二%民眾反對離婚合法化，杜特帝總統曾透過發言人表示，擔心離婚法案若是通過，會對破碎家庭中的孩子造成影響。

呼，本來只是想探究一下菲律賓為何不能離婚，沒想到從離婚緣起愈寫愈多，連婚約取消如此離經叛道的教學文都介紹了，希望大家沒事不要亂結婚，要結就結最好的；花了錢結婚，還要再花錢離婚，這麼不划算的事，千萬別幹。

高產能繁殖

我敢打賭，菲律賓話裡一定沒有「少子化」這個字，因為菲律賓人生孩子簡直像種葡萄，不能用「個」來算，直接就是大珠小珠落玉盤。

好幾次了，我問菲律賓人在家排行老幾，往往得到令人吃驚的答案，像是老七、老八，然後他還有兩個弟妹。徹底超出六個姊姊一個哥哥請叫我八弟就能一言以蔽之的家族狀態。

由於我工作的地點位處偏僻，屬於馬尼拉郊區，和都會區比起來，「多子化」的情形更是誇張。街上常常看到外型還是小孩的人卻已身為人母，牽著好幾個小孩。

如此情況的背後原因很多，最主要是因為菲律賓人大多是虔誠的天主教徒，教義不允許避孕與墮胎，所以那些本來該在牆上的孩子全都演化成了街上一個個活蹦亂跳的小屁孩。

再來當然就是價值觀。對於尚未都市化的菲律賓人來說，家族成員「愈多愈好」，他們覺得孩子愈多，能提供幫忙的人手就愈多。其實若以他們的勞動生態來看，的確也是如此沒錯。

擁有豐沛的年輕消費力對國家經濟當然是件好事，但本來就不優渥的生活資源，又要均分給如此多的兄弟姊妹，讓中下階層的菲律賓人幾乎都過著「生存以上，生活以下」的日子。

若你剛好是一位很會賺錢的三弟，可能得借錢給想買機車的七弟，不小心又懷孕的八妹，以及不想工作卻還是得吃飯的二哥。歡迎來到菲律賓的家族遊戲。

有時候會覺得菲律賓人傻傻的，但我想，要是太聰明、太會算計，在這樣惡劣的環境下應該會活得很痛苦吧。

這大概就是憨人有憨福，兒孫自有兒孫福，羅斯自有羅斯福。

菲律賓小朋友對外國人都充滿好奇

菲律賓人的天生優勢

若你有點文學氣息的話，可能聽過卡夫卡的《變形記》，也就是主角一覺醒來變成了一隻巨大甲蟲。我也要講類似的事情，不過沒打算和你玩甲蟲王者，而是玩更老派的變身遊戲——假設你一覺醒來變成菲律賓人，會發生什麼事情？我想認真切實地分析一下，若你我的生涯首抽就是菲律賓，根本沒得選，人生有哪些優勢？身為菲律賓人將擁有哪些好處？

外觀

從基因學的角度來說，出生在菲律賓的你將擁有來自歐洲和亞洲的綜合特徵，成為美男子／美少女的機率將稍稍提高。雖然只是提高一點點，但可以保證輪廓一定比一般亞洲人更加清晰深邃。

身高可能無法太過期待，除非你基因突變或有個職業籃球員老爸。但無論個子多矮，菲律賓籃球場永遠歡迎你，你會跳得更高、跑得很快，只要你不讓自己的肚子變得像顆籃球。而且即便肚子變得和球一樣大了也別太擔心，很大機率你還是會繼續打籃球。

若你在性別認同上出現和「大多數人」不一樣的結果，完全不用擔心，你可以放心梳妝打扮成自己習慣與喜歡的樣子，沒有人會管你，也沒有人會對你指指點點，頂多嚇到外國來的三流部落客如我。

性格

你不太會再為小事鑽牛角尖，因為你身邊的人都是這樣，大家總是掛著真誠的笑容，熱情且樂於助人。你幾乎不可能成為一位反社會人格的隨機殺人犯，也不可能因為壓力太大而跳樓自殺，至少報導極少出現。

你的快樂指數會悄悄上漲，儘管日子過得並不舒適，你和朋友總能找到歡聚大笑的機會，無論是下班後在村莊的喝酒小聚，或是節假日到彼此家中歡唱卡拉ＯＫ，比起汲汲營營為生活奔波，懂得知足與享受片刻的歡樂時光就是你的超能力。

你還會擁有天生堅韌的適應力，對生活中的種種劣勢總能找到生存辦法，即便面對最糟糕的狀況，你也能以笑容面對，此一特質已在第二次世界大戰與獨裁統治者下獲得見證，菲律賓人就是天生的生存者（Survivor）。

能力

你一定會講英文，即便很可能講得二二六六，還是比世界上一拖拉庫人講得更好。而且你幾乎不用特別去學就是天生的雙語能力者，再加上一些西班牙語和家鄉當地方言，並因為這種語言能力引起很多人的羨慕。

你的運動能力，特別是籃球會打得比其他亞洲人更好，甚至有機會站上世界舞臺。籃球國家隊將讓你感到無比驕傲，因為不管面對多強大的對手，他們總是表現得侵略性十足。更不用說拳擊手 Manny Pacquiao了，他會讓世界知道菲律賓強大的能量。

你可能很會唱歌，至少擁有很多唱歌的機會，而且即便五音不全也沒人會說什麼，但要是你唱得好，大家會像看到大神一樣崇拜你。

家庭

你將擁有全世界最緊密的家庭關係，你也許對所有陌生人都很熱情，但深知家庭才是人生中最需要經營的關係；而這家庭通常不小，你可以輕鬆借到表哥或堂哥的上學制服，也會經常收到在海外工作的叔叔帶回來的紀念品。

孩童的你可以期望家庭一路資助你到二、三十歲，成年後的你可以期望老後孫兒輩會照顧你。

如果你很廢，什麼都做不好，家族裡通常會有個有錢大哥不時送錢回家，讓你不愁吃穿，也沒有人會笑你媽寶或啃老族，因為隔壁鄰居家裡也有個和你差不多的人。

社會

除了對政治不滿之外，你很少聽到有人抱怨菲律賓，大家對自己的國家都有一股原生的驕傲，你喜愛自己的菲律賓人身分。

社會風氣普遍是善良與熱於助人的，你可以輕易地向鄰居借到米飯，他還會邀約你去他家的生日派對、吃免費大餐，其實不止是生日，他們還會邀你去婚禮、Fiesta 或任何慶祝。不過，出來跑總是要還，你也需要邀請他們吃免費大餐。

你可以盡情向別人借錢而不必感到羞愧，如果真的沒辦法，你甚至可以不還錢。

如果你幸運地誕生在一個很有錢的人家，那你真的可以過得「無拘無束」，因為在菲律賓，錢不只能使鬼推磨，幾乎能推動任何事情，唯一能阻擋你的只剩自然法則，人類所適用的法律將不再捆綁你，你可以徹徹底底地橫行霸道。

唔，怎麼樣？當了一趟菲律賓人的感覺如何？是不是感覺自己渾身是勁，見人就想傻笑，突然很想打籃球？

如果沒有也很正常，因為我也沒有，而且這篇文章比我想像中的難寫非常多……花了不少時間才把它擠出來，最後

團結參加活動的菲律賓人

效果也不是太滿意；果然要設身處地為別人著想沒有那麼簡單。如果各位哪一天真的忘記喝孟婆湯，投胎變成菲律賓人，記得一定要聯絡我，讓我把這篇文章調整得更真實，這偉大的任務就交給你們了。

偽娘滿街跑

偽娘在菲律賓頗為盛產，很可能比7D芒果乾還氾濫。

菲律賓的偽娘其實有個正式名稱叫「Ladyboy」，也就是生理上為男性，裝扮卻像女生的人。我個人雖舉雙手雙腳贊成同志婚姻合法，也接受任何性別認同，但菲律賓的Ladyboy實在讓人毛骨悚然，忍不住退避三舍。

拿泰國人妖來說，雖然男性氣息殘存，但整體來說還是偏女性化，有些甚至比女生還美；但在菲律賓，大多數偽娘都殘留著相當濃厚的男性特質。

這些偽娘大多有不錯的身材、嬌媚的姿態，會讓男生忍不住多瞄一眼，但不瞄還好，一瞄就會發現對方臉上殘留的滿滿鬍渣。

對於此一特殊現象，我憂喜參半。

憂的是，偽娘的高度熱情總讓人感覺備受威脅。

在路上只要不小心和他們對到眼，九成九以上，對方會對你搔首弄姿，讓你飽受強迫調情，菲律賓偽娘們從不羞於表現對男人高昂的興趣。

喜的是，菲律賓的社會氛圍如此接納他們。

雖然菲律賓的同志婚姻尚未合法，但偽娘們從來不需要刻意隱藏自己的性別偏好，能夠穿著看似突兀但適合自己的裝扮，過著一般人的日常生活，這點連同志婚姻合法的臺灣都還做不太到。

三不五時，我會在速食店或超市見到他們的身影；那結帳後的回眸一笑總是嬌媚橫生，連機車擋泥板上的王祖賢都自嘆弗如。

我問過一些菲律賓同事，他們很能接受偽娘們不同的性別認同，也相當樂見這些人快快樂樂做自己。

我當然也很支持他們快樂做自己，但鬍子也刮一下嘛。

PART 4

菲律賓的節慶

來陪祖先睡一晚！菲式萬聖節墳墓派對

「不給糖，就搗蛋！」萬聖節就是可以從小教育小孩一哭二鬧三上吊的季節，臺灣近年萬聖節氣氛有逐漸升溫的跡象，我估計是做人太辛苦，終於找到機會大方扮鬼，算是官方允許你好好飄一天。

菲律賓的萬聖節又如何呢？一樣是一堆妖魔鬼怪在街上閒晃嗎？是，但也不完全是。萬聖節對菲律賓人來說比較接近臺灣的清明節，所以除了扮鬼吃糖，還有一個很重要的任務便是與祖先們敘敘舊。怎麼個敘舊法呢？且聽我一一道來。

首先，菲律賓人的萬聖節可不是只有十月三十一日當天，而是打從一個禮拜前就要開始準備。

在這一星期內，他們會清掃祖先的墳墓，像是清潔地板、重新粉刷、修剪墳前雜草等，也會準備蠟燭、鮮花、點心等物品，並讓一切都在十月三十一日半夜前準備就緒，目的就是為了迎接大量的賓客來訪。

同樣在這段期間內，機場與各大交通幹道都蘊藏了塞到爆炸的潛力，至少放兩天、有時放四天的萬聖節是菲律賓人重要的返鄉假期，南北漂到首都馬尼拉或海外的勞工，統統極有可能趁著這段假期回到老鄉（provience）與家人團聚。

通常來說，最塞的那一天就是十月三十一日，如果你生活在大馬尼拉都會區的話，這段期間的通勤時間請自動乘以二。不過，過了這波返鄉怒塞潮，馬尼拉會進入一年之中少見的交通清閒期，就和過年時的臺北一樣。

總之，經過前面的準備之後，終於來到十一月一日了，菲律賓稱這天為All-saints Day或undas。在這一天，很大一部分菲律賓人會備妥露營用品，再帶到祖先的墳前。幹嘛呢？臺灣夜店流行「撿屍」，不過通常會帶回家，菲律賓人更霸氣，直接到墓園和屍體一起睡。

不開玩笑，這其實是菲律賓萬聖節到諸聖節的重要習俗之一，就像周杰倫在〈外婆〉這首歌唱的，「她要的是陪伴，而不是六百塊」，菲律賓人真正做到了陪伴。什麼！在墓地露營也太無聊（可怕）了吧。

其實一點也不會，菲律賓人的墳墓露營可以說辦得有聲有色，稱為墳墓趴踢都不為過。他們會準備大量吃喝玩樂的東西來度過這段假期。就像過年辦桌一樣，親戚朋友齊聚一堂，喝啤酒聊是非，很多人會帶著巨砲音響播放音樂，甚至準備卡拉ＯＫ，連唱十次〈死了都要愛〉，撲克牌和桌遊等娛樂品也是基本款。若是更新潮的年輕人，可能連ＰＳ４都直接帶來，在墳前大玩〈古墓奇兵〉，完全不用戴虛擬實境眼鏡，直接身歷其境。

當然，不可能只是活人顧著吃喝玩樂，菲律賓人會在墳前擺上死者生前最喜歡吃的料理，一起共襄盛舉，我個人覺得相當溫馨。為了因應大量餐飲需求，墓地旁往往出現許多小攤販，完全不用擔心食物補給的問題。

雖然正式的墓地趴踢日期是十一月一日，不過整個連假裡，墳墓露營區都是絡繹不絕，有些人早一點來（十月三十一日），有些人晚一點來（十一月二日），總之，一年中墓地陽氣最重的那幾天絕對是萬聖節。

我詢問了一個菲籍同事，他說有錢人比較常在墓園裡過夜，因為窮人家的墓地從外觀結構上就不適合久留，可能只去點個蠟燭、吃飯聊聊天，而且其實他們很怕鬼，所以通常晚上十點以前就會閃人。

值得注意的是，十一月二日趴踢結束之後，也會出現大量的返工潮，請務必期待再一次的馬路大爆滿。

另外，十一月一日或十一月二日的晚間六點，常看見許多菲律賓人在墳前點起蠟燭。其實不只是墳墓，各式各樣的地方都可以點，有人會點在家門口的門階，比較特別一點的，像我們工廠的員工，就在上夜班時，直接在生產線上點起蠟燭，真是偉大的勞工階層，上班也不忘懷念祖先。

這個舉動和我們端午節掛艾草斬妖除魔剛好相反。菲律賓人點蠟燭是希望能為所有死去的靈魂點亮一條光明之路，讓他們能在往生之後，展開一段更美好的旅程，不要因為光線不足，不小心撞翻了別人的孟婆湯。既然是為了死人的未來開路，那在祖墳前點蠟燭自然天經地義。

不過這也成了許多小朋友的新遊戲，還不能喝酒唱歌玩牌的他們拚命玩蠟燭，把滴下來的蠟油捏成一顆顆像糖果形狀的小球，也算是一種自娛娛人的不給糖就搗蛋。

我第一次聽到菲律賓人說要在墳墓旁邊陪祖先睡覺的時候，一直以為是某種暗喻或隱喻，引申為無微不至的陪伴，後來才發現我想得太浪漫了，他們真的是去墓園裡面睡覺（純物理性）。

當然，化妝扮鬼的萬聖節活動菲律賓一樣有，但相較於墓園派對，很顯然只是些小小的點綴罷了。

菲律賓人的萬聖節墳墓派對讓我發現，他們真的很喜歡家族團聚，不放棄任何大夥聚在一起吃吃喝喝的機會。相對於需要一直被填滿的物欲型快樂，這反而是一種純度很高，又很容易取得的快樂，不信你自己試試看。

愛唱歌到天理難容

如果小美人魚是菲律賓人，她一定不肯用聲音交換雙腿，因為這樣就沒辦法唱歌了！

菲律賓人絕對是我遇過最喜歡唱歌的民族，沒有之一。

無論在自家廚房、電梯還是百貨公司裡，他們隨時隨地都能愉悅地唱起歌來，完全無視旁人存在。你以為是那種心情好時的隨興哼唱嗎？並不是！他們的唱歌就是真正的唱歌，是連飆高音都會完整呈現那麼認真地唱歌。

很想聽聽看的話，有個叫百貨公司的地方幾乎屢試不爽。百貨公司裡販售伴唱機的店面永遠都有人在試唱，就算沒顧客在唱，店員自己也會唱，有時甚至兩人對唱。

我強烈質疑那些唱的人根本不打算購買機臺，純粹把店家當錢櫃KTV，只差沒點碗番茄牛肉麵。我甚至遇過一個大媽帶了自己的專屬麥克風，一次就點一整排歌，唱到店員都歡呼，根本菲律賓版蘇珊大嬸，就缺一件燕尾服。

若參加菲律賓人的親友聚會，八九不離十會有唱K行程，幾乎每個人家中都有一臺卡拉OK裝備，據說兩臺是標配（這樣比較不會漏歌）。這些唱K機臺雖然螢幕和喇叭都很破爛，麥克風也是隨便一吼就爆音，但完全擋不住他們摯愛唱歌的心，依舊唱得如痴如醉愛如潮水。

另外，像是水上樂園的休息區也都設有卡拉OK機臺，只要投幣就能唱歌。明明是玩滑水道的地方，還是一堆人聚在那裡大唱特唱，不知道來水上樂園幹嘛。

總之菲律賓人就是愛唱歌到一個天理難容的程度，雷公好幾次都想打死他們，還好都被王母娘娘拉住了。

菲律賓超狂聖誕節

臺灣的聖誕節氣氛一年比一年還稀薄，自從掛羊頭賣狗肉的行憲紀念日不再放假之後，聖誕節要是不在周末，我們都得去公司看老闆挺著聖誕老公公的肚囊笑呵呵。要怪只能怪臺灣太少人信天主教了，人家耶穌是唯一天神，祂生日全民放假理所當然；臺灣人信佛教多，有釋迦牟尼佛，又有阿彌陀佛，更別提底下那些文武百官，每個佛生日都放假，那還要不要工作啊！為了一視同仁，只好統統都不放假了。

菲律賓有八成以上人口是天主教徒，聖誕節自然成了一年之中最最最重要的節日。到底有多重要？接下來我會帶大家看看菲律賓人有多麼重視這個節日，並分成六點觀察一一分析菲律賓聖誕節的特殊之處。不要以為隨便掛個襪子、吃頓耶誕大餐就可以拍拍屁股去跨年，事情可沒這麼簡單。

凡事都得提早準備

請想像一個菲律賓人撕下八月的月曆。

「哎呀呀，已經九月啦，我得開始準備聖誕節了。」

九月就開始準備聖誕節?!凡事都得提早準備，但這也未免太早了吧。

在臺灣，每年農曆過年的十五到三十天前，你會開始在各大賣場聽到許多過年專屬的主題歌曲，看到當年生肖動物的擺飾，然後，一直聽一直看、一直聽一直看，往往覺得好煩好膩。

但如果這種程度你就承受不住，到菲律賓大概會精神衰弱到住院。在菲律賓，打九月一日起，聖誕節前戲就要做好做滿。

菲律賓聖誕節都很早就開始布置

百貨公司會從九月開始布置聖誕節裝飾、大量播放聖誕歌曲，最常聽到的一首是個老男人唱的，而且會叮叮噹噹洗腦整整四個月到你美叮美噹。對應的節慶商品，諸如聖誕禮盒與裝飾更不用說，明明中秋節都還沒過就已經全面大肆開賣。到了十月中旬則會出現以下怪現象：萬聖節和聖誕節裝飾同時擠滿每個賣場，讓你有機會一睹聖誕老人加入其他妖魔鬼怪們爭奇鬥豔的行列，非常新鮮。

九月開始準備實在有夠早，為什麼不乾脆從八月或七月開始呢？

有個牽強的理由來自於英文拼音。

菲律賓人稱九月到十二月這四個月為「Ber Months」，因為 September、October、November、December 都是「ber」結尾，所以九月開始慶祝聖誕節，完全就是名正言順超級 ber 棒。

另一方面，菲律賓許多賣場常從九月就開始進行聖誕節促銷，這除了商人太喜歡賺錢之外，還有一個原因來自於馬尼拉的交通問題。

每年一進入十二月，馬尼拉的交通就會從原本的黑暗期升級成白金2.0版的至尊黑暗期，只要是賣場附近的道路，肯定比哥吉拉拉過的馬桶還要水洩不通，走路十分鐘的路程，開車可能要兩小時。換言之，提前開始促銷活動的部分原因是為了紓解龐大的聖誕節購物人潮，要是不從九月開始紓解，全都塞到十二月才進行促銷，馬尼拉可能真的會變成一片死海。

聖誕老人不重要

聖誕老人在西方小孩心中，地位可能比林肯還高。這點或許臺灣人比較沒有共鳴，但多少能從一些家庭式美劇略窺皮毛。在美式風格的聖誕節裡，聖誕老人是一個相當重要的角色，少了這個體脂過高又老是私闖民宅的老頭，多少老外的童年瞬間就不完整了。

但在菲律賓，聖誕老人算哪根蔥！完全不是聖誕節的主角，頂多就是個跑龍套的，我估計只有一半的菲律賓小孩聽過聖誕老人的故事。在菲律賓，聖誕節是用來慶祝耶穌誕生的，絕不會讓一個芬蘭來的老頭搶了耶穌的光彩。

我實際問了幾個菲律賓小朋友關於聖誕節的事，他們都告訴我，聖誕節是為了慶祝神的生日，可以放假領禮物，沒人提到聖誕老人。

由於我的所在地相對偏僻，我想在馬尼拉都會區比較有錢或生活比較西式的家庭，應該還是會讓小孩認識聖誕老公公，畢竟這小肥佬還真是有一定的馭兒魅力。

Bling Bling 的怪異裝飾

過聖誕節嘛，肯定得放些 Bling Bling 的東西。

菲律賓有一種當地獨特的裝飾品叫做 Parol，古早做法用竹子與硬紙板，現在則進化出許多不同的製程，常見造型是一個大星星在中間發亮，旁邊有一堆陪襯物跟著一起發亮，整體看來比閃亮三姊妹還奪目，有點像美少女戰士變身時會出現的東西。

以我主觀審美角度來看，Parol 是個俗到極點的裝飾品，每次開車看到路邊賣 Parol 的攤販都忍不住心想「這東西也太醜了吧」（我看到的通常在鄉村，都市裡的樣式可能會比較新潮），但它在菲律賓

個人覺得很醜的菲律賓聖誕節裝飾

人心中可是有著獨特的地位。

身為菲律賓人，當你把 Parol 掛在家門外時，就代表你分享了對神的信念與希望，也同時意味著黑暗永遠無法戰勝光明。

另有一說則指出，掛上閃閃發亮的 Parol 是為了迎接耶穌的再次誕生，打燈可能是為了輔助照明，使生產過程更加順遂。

隨便買個醜醜的發亮花圈就能幫耶穌助產，ＣＰ值這麼高的事情，路過經過千萬不要再錯過了，嗯？

以上三點緊鑼密鼓的聖誕節介紹比較是我個人的觀察，接下來將分享菲律賓當地的傳統聖誕節習俗，但我並無親身經歷，大多為網路調查，再與菲籍同事反覆確認事實後才提煉寫成。

Simbang Gabi——倒數九天的聖誕儀式

跨年倒數十秒算個毛，倒數整整九天的聖誕節才叫潮。

是的，菲律賓人除了從九月就開始準備聖誕節，但這樣還不夠看，到了最後九天，他們還會來一段終點前的最後大衝刺，稱作 Simbang Gabi，這是菲律賓獨有（由西班牙傳入）的聖誕儀式，相傳你只要遵守儀式的規矩，就有可能美夢成真。

到底 Simbang Gabi 美夢藍鑽計畫的規則是什麼呢？

簡單來說，你可以在十二月十六日當天許下願望，接下來只要完成連續九天的 Simbang Gabi（午夜彌撒），願望就會在十二月二十四日的平安夜完美達成。

我問菲籍同事什麼是午夜彌撒？他說從十六號開始，每天凌晨約四點（有些地方會更改至傍晚，但正統的時間是凌晨四點）前往特定的教堂，禱告、唱聖歌、聽牧師布道，就是午夜彌撒了。

記得我查到這個活動時不禁想，凌晨四點？所以菲律賓人都以為自己是 Kobe 嗎？很好奇這麼吃力不討好的活動是否會有人想參加。沒想到菲籍同事很不以為然地說：「全部人都會參加啊！這是一個很令人期待的聖誕活動。」

雖然 Simbang Gabi 有許願的功能，但午夜彌撒主要是為了慶祝並迎接耶穌的誕生，所以整個活動呈現出非常歡樂與正向的氛圍，播放的聖歌都比較開心，相較於聖周時的死氣沉沉，Simbang Gabi 可以說是充滿派對風情的彌撒。

由於大多數人都會參加，許多菲律賓人會趁彌撒結束後和老朋友與家族成員敘敘舊，教堂外自然也有許多準備了吃不完的食物和點心的攤販，所以雖然要一大早起床，菲律賓人還是很熱愛這個活動。

值得一提的是，這也是菲律賓人一年當中少數可以把冬裝拿出來穿的時機，熱愛冬季時尚的菲律賓人一定都會好好把握這九天，把衣櫃裡長蛆的絨毛風衣拿出來秀一波。

總而言之，如果你希望在平安夜娶到郭雪芙或嫁給郭富城，只要從十二月十六日開始，連續九天的半夜跑去菲律賓教堂唱聖歌吃點心，一切就沒問題囉，一起來揪團吧！Go Go Go！

Noche Buena——聖誕夜的凌晨晚餐

Noche Buena 和 Simbang Gabi 同樣源於西班牙，融合一點美國文化後，再經由一些小改良，就變成了菲律賓人獨特的習慣。

Noche Buena 有什麼特別呢？

簡單來說，它是一個在聖誕夜零時零分舉辦的晚餐會，有點像我們過年吃的年夜飯，一家老小齊聚一堂，共享晚餐與慶祝耶穌的誕生。最常出現在 Noche Buena 的料理有火腿、起司、烤乳豬、菲式義大利麵和 Kakanin——Kakanin 是菲律賓對甜點的統稱。

Noche Buena一詞源於西班牙語的「一個好夜晚」，並和 Simbang Gabi 關係密切。因為參加完午夜彌撒後，肚子通常都很餓，所以菲律賓人常常聚在一起吃宵夜，吃著吃著就吃出了文化，加上他們天生喜歡辦派對的性格，就衍生出 Noche Buena 的習慣了。

我問菲籍同事半夜才吃晚飯不會很餓嗎?他說不會，因為正常的晚餐時間就會先吃一次了。也就是說聖誕夜這天，菲律賓人可以連吃兩次晚餐，雙倍祝福，兩倍飽滿，比撿到五顆鑽石還興奮。

最後，在多數菲律賓人的習慣裡，Noche Buena 也是他們開聖誕禮物的時機，真正的有吃有喝又有得拿，怪不得要從九月開始期待。

Christmas Caroling——卡拉永遠ＯＫ

我個人認為，菲律賓人是世界上最愛唱歌的人種，沒有之一。

舉凡在工作中、在街道上、在大賣場裡，只要一有機會，菲律賓人就會大肆揮灑他們的歌喉。尤其在賣場裡，只要經過有賣卡拉ＯＫ機臺的３Ｃ用品店，肯定有人在唱歌，要是沒有人在唱，那就是店員在唱，而且通常都唱得有模有樣，偶爾才會有人出來殺豬。

之所以提到唱歌，是因為在聖誕節時，會有大量的菲律賓小孩（有時也有大人）在街道上大唱聖誕頌歌；他們還會像童子軍一樣，按你家門鈴只為了在你面前高唱一曲。

享受音樂是要付出代價的，通常表演結束之後，你必須用金錢贊助他們。每當你付完錢之後，他們還會再唱一首感謝歌曲來讚嘆你的慷慨，只差沒有跪在地上喊感恩師父。

因為有錢拿，很多平常就在街上要錢的菲律賓人便會順勢而流，趁這機會小撈一筆，大多數人也會在感恩季節的感染之下，心甘情願掏出腰包，獎勵這些非專業級的音樂表演；如果是認真一點的人，有時候還會自製樂器，像是用啤酒蓋串成的鈴鼓，或隨便拿個鍋蓋當鈸等。現在也有許多非營利與社會團體趁機募款，不過他們通常都比較有誠意，除了單純唱歌之外，可能還多附贈一段三階和聲配阿卡佩拉。

總而言之，如果你喜歡表演，熱愛歌唱，又老是考不過街頭藝人執照，歡迎在聖誕節到菲律賓街頭唱 Last Christmas！

說了這麼多，其實還是回到菲律賓人的價值觀核心——家，才是最重要的。

這麼多儀式、這麼多活動，其實都是要讓家族成員有機會團聚在一起，對於擁有特別多海外工作者的菲律賓來說，聖誕節假期就是返鄉的最佳時機。甚至不只是家人，還有Simbang Gabi與家鄉老友的團聚。

耶誕要快樂不一定得收到最棒的禮物，不一定得派對狂歡，只要待在重要的人身邊，就算只是看電視發呆，唱著破爛的KTV，也一樣很快樂。

生日快樂狂人

你喜歡過生日嗎？很享受一堆人幫你唱生日歌？快來菲律賓吧！

菲律賓人超重視也超愛過生日，恨不得一年三百六十五天都在生日。準確一點說，應該是他們很喜歡慶祝的感覺，所以遇到生日這種不用等到聖誕節和 Fiesta 就能憑空慶祝的機會，菲律賓人當然超開心。

通常在你生日的前幾天，菲律賓人就會開始提醒你：「欸，再過幾天你就要生日了喔。」

這可不是要示什麼好，通常就是暗示你要開始準備籌錢辦派對。在菲律賓傳統裡，生日的人要自己出資辦一場生日派對，準備大量食物給參加派對的人，他們稱這個習俗叫做「Birthday Blowouts」。

這習俗光想就覺得瞎，明明自己生日還要花錢請客，而且經過時間積累，現在的 Birthday Blowouts 已經變成了某種潛規則，有時候壽星當天根本沒現身，也得留錢給代理人幫他舉辦生日派對。

一堆人吃米粉啃雞腿喝啤酒，結果壽星根本不在，完全不知道在慶祝個什麼鬼。

另一個有趣的現象是，菲律賓人超愛在餐廳唱生日快樂歌，我說的可不是親朋好友幫你唱喔，而是餐廳員工唱給你聽！通常只要是當月壽星就可以享有這尷尬的服務，他們會組成一個小合唱團，搭配簡陋的敲擊樂器，歡唱菲律賓語版本的生日快樂歌。

我幾乎每次去比較大型的餐廳都會聽到員工版生日快樂歌，而且不止一桌在過生日，所以一餐飯吃下來要聽好幾次。剛開始聽還挺有意思，聽到後來真的很煩，到底是有多少人生日啦。

七個確有其事的菲律賓新年迷信

講完菲律賓的聖誕傳統後，接著談新年迷信。

話說這些迷信呢，我動筆前根本聽都沒聽過，都是搜尋後才知道它們的存在。其中有些聽起來挺荒唐，我原先以為只是網路謠言，問過幾個菲籍同事之後才知道，他們確實是有在執行的。換言之，以下七個菲律賓新年迷信個個童叟無欺，如假包換。

廢話不多說，馬上開始介紹！

Media Noche

介紹菲律賓的聖誕節傳統中提過，他們會在凌晨舉辦一場名為 Noche Buena 的餐會，而在跨年夜的凌晨十二點，菲律賓人也會再舉行一個性質幾乎一模一樣的餐會，叫做 Media Noche。

基本上，這就是繼 Noche Buena 之後的二次年夜飯，再次的家族大團圓，又一次的齊聚一堂吃烤乳豬聊是非。此傳統同樣從西班牙統治時期遺留下來——反正菲律賓人不會輕易放過任何一個能聚在一起的機會。

好，我知道這不算迷信，但是為了標題好看一點，我就一起算進去了，跟你保證後面六個都是迷信。

準備圓形水果

這是個奇怪的迷信——Media Noche 時要準備十二種圓形的水果，像是番茄、西瓜、葡萄等，對菲律賓人來說，圓型象徵繁榮，能找到愈圓的水果，明年將愈繁榮。但為什麼是十二個呢？因為代表了十二個月分，要是少準備了一兩顆，明年可能就有一兩個月得吃土了。

另有一菲律賓傳統說，在午夜零時零分，只要挑一顆最圓的葡萄含在嘴巴裡，明年就會旺到不行——相傳李嘉誠都是直接含整顆西瓜。

除了圓形水果之外，想要發財的話，可以穿上「點點裝」，因為圓形代表繁榮，點點裝會讓你圓到漫出來，樂透不中個十七八次都說不過去。

吃 Pancit 與糯米

Pancit 和糯米是兩樣在 Media Noche 時必須出現的食材。

Pancit 就是華人吃的長壽麵，象徵長命百歲，是華人外流給菲律賓人的傳統。糯米則是因為它黏糊糊的，象徵全家族的人全部黏在一起，共同攜手做媽寶與啃老族，永遠都不分開。常見料理如 bibingka、biko 和 tikoy（就是臺灣吃的年糕）

有一定要吃的，當然就有一定不能吃的。

在菲律賓，Media Noche 不能出現的食材是魚和雞，因為在菲律賓文化中，魚和雞象徵缺乏，這和臺灣過年流行的年年有餘不太一樣，我推測可能是余祥銓害的。

我的菲籍同事說，他們家只有不吃雞，因為雞爪整天挖地板的樣子看起來很卑微，社會觀感不佳，所以新年拒吃，讓雞逃過一劫。

全民放煙火吵得要死的跨年

在臺灣，大家都是等到午夜零時零分才開始放煙火，至多放個十分鐘就結束。但在菲律賓，煙火像吃了壞掉的春藥一樣，異常持久，有時候從十一點半就有人忍不住率先開轟，大概一路放到十二點半才完全結束。

另一個與臺灣很不同的地方是，菲律賓的煙火是家家戶戶都在放，呈現出來的是三百六十度的全角度煙火秀，不管你往東南西北看，都有煙火表演。即便精彩度和臺北一〇一比起來和狗屎一樣，但看在全景效果的加持上，還是值得一看啦。

至於為什麼要放煙火，當地習俗是說，在午夜發出噪音可以趕走噩運，聽起來根本就是抄襲我們趕走年獸的法子。

所以說，如果買不起煙火，可以買鞭炮，更厲害一點的直接開槍，因為子彈比煙火還便宜。再不行，在家裡拿鍋子敲敲打打外加大吼大叫，反正只要吵到鄰居報警，明年的噩運就會消失殆盡囉。

另一種常見方式還有按車喇叭，平常

我在菲律賓跨年前的馬路上拍照，過年反而路上車很少

一兩個人按喇叭已經夠吵，當整個馬尼拉的迷信人士都在按喇叭時，你才知道有多可怕！我以前都以為是煙火炸到了警報器，後來才知道他們是主動製造噪音，吵到一個不行，果然是把噩運都趕到別人頭上了。

把「洞」都打開

別亂想，不是那種洞。

跨年這一天，菲律賓人會把家中的門窗統統打開，並在家中撒滿零錢，以此「歡迎好運」的到來，更極端一點的甚至會把家中的抽屜和衣櫃全部打開，試圖霸占全部的好運。他們還會把家中搞得燈火通明，以光明打敗黑暗之姿，迎接美好的新年。

平常若有興趣闖空門的朋友，這一天是很適合行動的日子噢，選擇比努力更重要！不過話說回來，菲律賓人平常好像也沒在關窗戶，至少我看到的村莊多半是這樣，因為天氣熱，家裡也沒冷氣，通常窗戶都是開著通風。

跳呼伊爽

這是一個和拔獅子鬃毛一樣荒唐的傳言。

在菲律賓的迷信中，小朋友只要在跨年時跳得愈高，就會長得愈高，還有個說法是要跳十二下，就能保證未來的十二個月，月月都能成長。

聽說當年姚明用彈簧床跳了七七四十九下，跳得又高又挺，長大果真成為人中龍鳳。

各位婆婆媽媽，還在擔心小朋友發育不良嗎？跨年一起來菲律賓狂跳轉大人吧！

放下那根掃把

如果你是個國民暖男，一天不打掃家裡就渾身不對勁，那你新年第一天很可能會被菲律賓人討厭。

在菲律賓的傳統習俗裡，新年第一天不允許打掃家裡，會把好運氣給掃地出門。也就是說，這是個「官方允許不用打掃的一天」，好開心，可以躺著看電視當廢柴。

另外，新年第一天也不能花任何一毛錢，因為這一天的花費會反映你這一整年對錢的管理態度，如果你連第一天不能花錢這種小事都做不到，一年下來肯定又要口袋空空了。（我的菲籍同事說沒這回事，他新年還是照花不誤。）

不過，菲律賓人會在除夕夜把自己的錢包塞得滿滿滿，而且都會換上新的紙幣，因為最後一天的錢包狀態會反映你明年的經濟情況。根據菲律賓人老是沒錢又愛借錢的情況看來，迷信果然就只是迷信。

除了上述這些，最後小補充一點：半夜十二點時，菲律賓人會拿小橘子從門外往家裡面滾，象徵財源滾滾；要是給朱自清看到這景象，想必再次老淚縱橫啊。

耶穌還是黑的好：馬尼拉黑拿撒勒人大遶境

如果你關注過菲律賓相關新聞，每年一月一日絕對會出現的大頭條無疑就是一年一度的黑耶穌遶境！

雖說每年的頭條照片都差不多——一坨人塞在一起——不仔細看還以為韓國瑜又開造勢晚會，現場人數成功突破十三億人，但無論你的密集恐懼症有沒有發作，或忍不住想尋找威力，無可否認，黑耶穌遶境真的是菲律賓非常吸睛的活動之一，每年吸引成千上萬信徒參加，一睹黑耶穌風采。

黑耶穌活動到底在幹嘛？為何菲律賓人如此趨之若鶩？現在正是黑人當道的時代，愈黑政治愈正確，難道是因為這股潮流，所以連耶穌也下海染黑了嗎？

是，也不是。就讓我來為您解惑吧。

話說在天主教盛行的菲律賓有一尊黑耶穌，全名黑拿撒勒人（Black Nazarene），號稱是全菲律賓人氣最旺的神像，正版耶穌自嘆弗如，只敢在角落瑟瑟發抖。

黑耶穌當然不是因為睡覺沒關窗戶導致黑色素沉澱這麼醫學的原因而變黑的，而是個有故事的人。祂本來是一尊由墨西哥工匠打造的正常耶穌神像，一六〇六年五月三十一日，一群西班牙神父打算運至菲律賓，誰知航程中船隻失火，把木製神像烤黑了。神父想說費用都付了，扔掉太不划算，突發奇想，請工匠將整座神像塗黑，黑耶穌就此正式誕生。（此由來傳說性質居多，尚待考察）

你以為塗成黑色就馬上爆紅嗎？沒那麼簡單，一個人要紅，得經過磨練的。

黑耶穌在一七八七年落腳於馬尼拉的奎艾波（Quiapo）教堂後，經歷了兩次火災（一七九一年、一九二九年）、兩次強震，外加一九四五年的第二次世界大戰，卻仍和常威一樣天生神力，如此摧枯拉朽依舊保持完整體態，簡直比蕭薔還不老妖怪，因之造就了屌到爆的名聲。黑耶穌之名開始傳遍大街小巷，每個人的嘴裡，見面第一句話，就是黑耶穌真的好帥呀。

人氣一高，便得開始舉辦巡迴演唱會。

巡迴遶境通常是每年的一月九日黑耶穌節，但黑耶穌在一月八日就會被請到季里諾檢閱臺（Quirino Grand Stand）廣場，好準備隔天的起駕。

正常路線是從季里諾檢閱臺廣場走回奎艾波教堂，整段路程大約六公里，正常人慢慢走大概兩小時就可走完，由於大家都搶著一親黑耶穌芳澤，通常得耗時十二到十四個小時，二〇二〇年更是破天荒走了十六個小時！

但凡參與遶境的民眾，無一不殷切地想摸到黑耶穌真身。因為在傳說中，任何毛病只要一摸到黑耶穌就會不藥而癒；本來有香港腳的人，一摸直接變成澳門腳，眼翳病也不用再請老媽舔了，直接換成你來舔黑耶穌。

由於人數實在太多，很多人根本沒機會觸摸到本尊，菲律賓人為此研發出一個新招：扔毛巾。

民眾可以將自己的毛巾扔向黑耶穌旁的服務人員，他會幫你擦一擦耶穌的龍體之後，再扔還給你，你再拿來擦你想擦的地方，看你想間接接吻還是間接洗腳都可以，反正只要碰到就有效果，只要相信就有力量。有人戲稱這是全菲國的體液交換大會，雖然聽起來相當噁心，不過實在非常貼切。

看到這裡有沒有心癢癢的，想一起參加菲律賓體液交換大會呢？

我自己是完全不癢啦，光用看的就覺得有夠恐怖，平常連買珍奶都懶得排隊的我，怎麼可能去人擠人摸耶穌，完全不是我的 Style。

PART 5

菲律賓的美味關係

菲律賓人的米飯狂熱

如果要提一項被我消費最多次的菲律賓人特色，肯定是他們超愛吃飯這件事。

二〇一八年去馬尼拉世貿中心為 WorldBex 布展時，由於多次在附近的菲式小吃攤用餐，身旁擠滿了菲律賓人，每一餐都讓我有機會近距離見識他們驚人的食飯量。

其中最讓我印象深刻的一個人，只點了一小盤豬肉（大概只有五、六塊肉）便在我身旁坐下來，沒多久後便從兜裡掏出一個大約半個 Nike 鞋盒大小的收納盒。一翻開蓋子，裡面全是白花花的米飯，分量大概比我三天九餐綜合起來的飯都多。

這麼多怎麼可能吃得完？是不是打算分成好幾餐吃？

不要懷疑，他在我離開之前就全部嗑光了，而且你可以從他咀嚼米飯的神情發覺，他沒有絲毫勉強，那種發自內心的喜歡是隱藏不住的。

身為一個有點科學風骨的社會觀察家，我怎能只單單觀察而不研究事情發生的背後動機呢？因此在這篇文章裡，我將用一些數據與事件，試著釐清到底為什麼菲律賓人這麼愛吃飯，吃到義無反顧、六親不認，吃到一堆菲律賓男人的肚子大到像懷胎五年羊水還一直不破。

探究背後原因之前，先讓我們看看菲律賓人究竟吃掉了多少飯？

根據PSA（Philippine Statistics Authority）二〇一五年統計，菲律賓平均一個人一年消耗的米飯量是一百一十七公斤。

一年還吃不到一個俠客．歐尼爾的體重，看來也還好嘛？

數據要經過比較才有感覺，讓我們看看臺灣農委會二〇一五年的統計。在臺灣，平均一個人一年消耗的米飯量是四十四．八公斤，同樣將米飯視為飲食大宗的日本，數據則是每人一年平均六十八公斤。

看到差距了吧？菲律賓人的食飯量足足是臺灣人近二．六倍之多！

試著想想你平常吃飯的碗，再多添一碗半之後，就是菲律賓人的食飯量，而且是每一餐都硬比你多上一碗半，完全是壓倒性勝利。俗話說，不怕別人比你優秀，怕的是優秀的人比你還努力，這真是一輩子都追不上的差距。

如此誇張的食飯量讓菲律賓成為世界上第三大稻米進口國，與此同時，他們自己也是世界第九大稻米生產國。入不敷出就是這個意思了，菲律賓人把農民的粒粒皆辛苦，統統牢記在心底。

我一度以為會大量吃飯的菲律賓人多屬貧困階級，可能不是真心愛吃，而是沒有太多選擇，統計數據卻再次顯示我的嚴重誤判。

根據PSA統計，菲律賓多數的米飯都是由Class A & B（我不知道實際標準，但由富到貧總共分為A到E等社會階級）消耗掉的，平均一年消耗一百二十二・八七公斤米飯，不管是金錢量還是吃飯量都獨占鰲頭，全方位展現M型社會的豪氣制壓。

菲律賓人到底多愛吃飯？我發現他們不只正餐愛吃飯，連點心也常是米飯類做成，像是Kakanin、Palitaw、Kalamay……

根據World Bank Data資料，有八十%菲律賓人表示自己一天當中有三餐或更多餐都會吃飯，六十%菲律賓人說自己有兩餐會吃飯，僅有一%菲律賓人說自己只有一餐會吃飯。

所以，不僅是當地餐廳提供大量米飯，連從國外輸入的麥當勞、肯德基也都得向這飲食文化低頭，乖乖在炸雞和漢堡旁邊提供米飯。在菲律賓人的字典裡，碳水化合物來源就是米飯，馬鈴薯、麵包、麵條都不入流。

唯有米，才是真理。

菲律賓人說：「Rice is a staple in the Filipino food.」米，就是菲律賓的棟梁。

那麼，菲律賓人到底為什麼這麼愛吃飯呢？

提筆寫文前，我原本預計會找到一些歷史典故或文化軌跡，稍微解釋一下為何菲律賓人這麼愛吃飯，但找了三天三夜都沒有適合的資料，其中內容不是太無聊，就是根本沒邏輯可言。

舉個例，網路上有個說法是，西班牙時期的白米只有有錢人可以吃，殖民結束後，大家都可以吃了，米飯就此變成全民食物——什麼邏輯零分的荒唐解釋，無法接受。

菲律賓人就是愛吃飯

既然無法從宏觀的歷史角度探索問題，我只好從身邊的菲律賓人下手，從一個個菲籍同事口中，聽聽他們對於愛吃米飯有什麼樣的解釋。以下各發言皆出自不同人：

——「因為飯會給你滿滿的能量啊！」

——「要是一餐沒吃飯的話，就像根本沒吃東西耶。」

——「飯很棒啊，很多營養。」（因為我說飯沒什麼營養）

——「我們的拳王 Manny Pacquiao 也天天吃飯，他一天三餐都吃飯。」

——「飯就是好吃。」（真是任性的回答）

——「因為有些菲律賓人很窮啊，所以只好吃很多飯，結果肚子就變很大一個。」

「你很窮嗎？」

——「不會啊。」

「那你怎麼也每天都吃那麼多飯。」（看向他裝滿飯的飯盒）

「哈哈哈哈，飯很好吃啊。」

——「因為他們很累啊（指的是我們工廠工人），很累的時候不吃飯就沒辦法工作了；不過，有時候沒在幹嘛的女工也吃一堆就是了。」

——「要是不把飯吃完的話，你的手就會整個變形，然後一輩子都沒辦法工作及享受財富了。」（指的是一個菲律賓傳說）

——「我想是因為我們從小就吃飯的關係，我們的胃已經定型了，變成只懂得吸收米飯營養的胃，若是吃別的東西，即便肚子已經很脹了，還是覺得沒吃飽。」（這是我個人頒布最佳瞎掰獎的得主）

聽了這麼多藉口與理由，我想愛吃飯這件事，就是菲律賓人天性與任性綜合的結果，他們本來就很愛吃飯，加上根本沒打算把飲食均衡這件事放在心上，便造就了對米飯的無比狂熱。

據說菲律賓人煮飯都不需要量杯，手指隨便一插便知道水量需加多少即可達完美平衡。不禁讓我想起倒油翁的故事，熟，果然生巧。

二〇一七年曾經發生一個關於米飯的小趣聞。菲律賓參議員 Cynthia Villar 建議——只是建議而已，還不到修法或任何形式法條補充——餐廳應該取消「飯吃到飽」促銷方案，因為飲食過量的米飯對國民的健康弊大於利。

菲律賓很多餐廳都提供加錢飯吃到飽（Unlimited rice）服務，難得出現一位好議員基於國民健康的考量，提出了如此立意良善的建議。但想也知道，這種與人民興致作對的政策，除非能提出「更誘人」的因應措施，不然就準備屁股洗一洗被網民譙爆了。

果不其然，此建議一出，該議員的臉書與推特隨即湧入大量菲律賓酸民，紛紛跳出來呼籲不能讓這種昏庸的政客掌權，餐廳的飯不能吃到飽，人民要怎麼打拚、如何生存！叭叭！

網民說：「菲律賓有很多很多很多的問題，但飯吃到飽，不是其中一個。」而愛民如己出的參議員很快地在一周內做出聲明，這不過只是建議而已，隨便說說，你不喜歡聽，我就說點別的。

倒是有一點我一直不太明白，菲律賓人如此愛吃飯、重視米飯，為什麼餐廳提供的飯還是這麼難吃。先不說麥當勞的飯根本比狀元郎的狗飯還難吃，我每次都心不甘情不願地咬兩口就放棄了，就算是正統餐廳，提供的米飯也不夠講究，常常黏糊糊的，沒有粒粒皆清楚的美德。而且相較於日本米、泰國米，菲律賓的米根本毫無特色，又黏又不香，真是讓人百思不解。我的猜想是，反正這種程度的米就已經全民瘋狂，也就完全不用再多花心思改進了。

世界霹靂無敵大飯桶

關於菲律賓人愛吃飯這件事，大概只要有眼睛的人都看得出來，但我第一次深刻感受到他們「沒有米飯不行」，起源於上次與菲籍同事到廣州出差。

我們一起去吃麥當勞，菲律賓同事點了炸雞翅套餐。在菲律賓，麥當勞炸雞餐都會配一球飯，但想當然，廣州的炸雞翅套餐肯定沒有飯。

少了那球飯，對我的菲律賓同事來說，簡直就是一場文化震撼教育。他不停追問我：「為什麼沒有飯？為什麼沒有飯？」同時驚呼：「難道你們臺灣人點炸雞餐的時候，只吃炸雞嗎？」

我說：「對啊，單純吃炸雞。」

這回答對他來說簡直不可置信，他的臉像是在說：「天呀，這什麼奇怪的飲食文化啊！居然只單吃炸雞。」

後來他實在忍不住了，追問那肯德基呢。我說也是呀，他再度青天霹靂。

我看他自顧自地搔頭，好像無法自我解釋，後來甚至崩潰地推導出一個奇怪的結論：「中國人不吃飯，所以比較瘦。」見他受了這麼大的震驚，我也不忍再反駁如此荒謬的論點了。

上述經歷讓我真正深刻地感受到，米飯在菲律賓人的飲食光譜中占有多麼狂妄的分量。一餐裡要是沒有飯，就像看豬哥會社卻沒有豬哥亮，是一種不完整的感覺。

我還發現，菲律賓語的吃（kain）是從飯（kanin）這個字中提煉出來的。

不能怪我的菲律賓同事如此大驚小怪，畢竟在菲律賓的飲食文化中，一餐裡就是包含了許多米飯與配菜，配菜可以是豬牛羊魚或蔬菜，誰來都可以，反正米飯永遠都是主角，一旦沒了飯，這一餐就失去了重心、跛了腿，再多山珍海味都無法填補缺乏米飯的空洞。

後來我分享了碗裡有剩飯，未來老婆就會是麻子臉的傳說給同事聽，他說他們也有類似的傳說，只不過他們的版本是會被惡魔帶走。

我想，比起老掉牙的惡魔抓小孩，臺灣這種真實性較高且充滿人文風情的傳說還是略勝一籌。

關於菲律賓的飯，可以說的事還多著呢。

古怪的菲律賓式早餐

一日之計在於晨，早餐要吃得像皇帝。

在臺灣，無論是中式的豆漿油條、西式的麥當勞早餐，或是中西合璧的美而美傳統早餐都深得我心，尤其是配上一杯清腸式大冰奶，簡直快樂似神仙。

菲律賓式早餐呢，雖然不如臺灣好吃，但很有異國風情。以下介紹幾道菲律賓常見的早餐。

Silogs 蒜飯加蛋

Silogs 的全名其實是「Sinangag at itlog」，也就是蒜飯加蛋的意思，在一個視飯如命的國家裡，早餐裡有飯實屬正常。而且必須老實說，菲律賓的蒜飯非常好吃，一反菲律賓白米很難吃的常態，正常情況下，我什麼都不用配就可以把一整碗蒜飯嗑光光。

單賣蒜飯加蛋不夠看，大多還會再加一樣配菜。若從生物學的角度，Silogs 可以算一個「種」或「科」，反正就是一個大家庭，諸如 Tapsilogs、Tocilog、Bangsilog……都因為配上不同的配料，而成為一個獨特的名稱，但其實都歸屬於 Silogs 的範疇。

Tapsilogs

Tapasilogs 就是 Tapa + Silogs 的縮寫：，Tapa 是醃牛肉，古早年代儲存食物不易，什麼東西都醃起來放，就算酸掉也吃不出來，這也是醃牛肉會在貧困的菲律賓流行的主因。

菲律賓的醃牛肉味道很複雜，吃不太到牛肉原本的味道，如果喜歡醃製口味的朋友或許會喜歡。Tapsilogs 裡的牛肉通常會炒過，有些會收乾，有些會附上很多醬汁，不過牛肉本體的口感都偏乾，咬起來硬梆梆的。每一家店的醃牛肉口味也不相同，有的偏甜，有的偏鹹，總的來說配上蒜飯還算中規中矩，不至於太難下嚥。

菲律賓人吃肉向來不追求「嫩」，在他們的食物價值觀裡，肉就是要煎到硬梆梆、黑麻麻才夠硬氣。

Tocilogs

Tocilogs 是 Tocino + Silogs 的縮寫：Tocino 是甜豬肉，也是一道出產於邦板牙（Pampanga）的傳統料理，可謂邦板牙人的驕傲是也。高速公路上甚至有一塊看板專門廣告 Tocino 是此地出產的，是偏鄉邦板牙的土產。

大多數人第一眼看見 Tocino 都會因為它不自然的鮮紅色忍不住倒退三步，備感威脅，看上去很像打翻了化學染劑。我自己也是看了三個月後才屈服於好奇，試吃了幾塊。

Tocino 的口味就和外表一樣搶眼，像是不小心倒了太多糖後炒出來的豬肉，硬要說也有點像糖醋排骨，反正是甜到不行。單吃絕對不成立，但搭配蒜飯或稀飯還挺合適。大概加個兩塊，稀飯吃來就從冷冷清清淡淡，變成溫溫暖暖蛋蛋。

Longsilogs

Longsilogs 是 Longganisa + Silogs 的縮寫：Longganisa 就是臘腸。

我在臺灣向來是香腸狂熱愛好者，在菲律賓卻一直還沒遇到登得上檯面的香腸；小至便利商店，大至餐廳，沒有一條腸真正令我滿意。在臺灣，明明隨隨便便的香腸小吃攤我都覺得超好吃，但菲律賓的腸就是不對我的胃，通常是嚼勁出了問題（軟綿綿），有些則是根本連味道都不配稱作香腸。

Longganisa配早餐的腸，自然也不是我喜歡的腸，口味通常都甜甜的，和Tocino一樣。平常沒事我根本不可能去碰，要是配上蒜飯或稀飯相輔相成一下，那就勉強可以接受。

Bangsilogs

Bangsilos是Bangus + Silogs的縮寫；Bangus就是虱目魚。

菲律賓的無骨虱目魚算是當地的代表性料理，做法通常是把虱目魚從中間剖開，翻開來擺盤，有時是半隻，有時是整條；料理方式有烘烤、煎或先炸後烤，烘烤的口感綿密，而且吃起來還有點焦香味

看起來不怎麼樣，但實際還不錯的虱目魚加蒜飯

兒。其中最好吃的部分就是中間魚肚的脂肪，半透明的魚脂肪香潤滑口，再配上一點扎實的魚肉一起入喉，比OREO配牛奶還厲害。

如果你想嘗試蒜飯加蛋，主菜我相當推薦選擇虱目魚，雖然一大早就吃魚配飯感覺不太對，但來到異國，不妨嘗試一下賓式獨有的早餐！

Pandesal 小圓麵包

小圓麵包是菲律賓人很常見的早餐選擇，菲律賓人喜歡拿它來配咖啡，某些人還會拿它沾著咖啡吃，就像西餐包沾濃湯同樣道理。

我嘗試過幾次，就是個便宜又實惠的麵包，非常適合充饑，有時候一顆可能不用五塊錢臺幣，味道通常都很單純，不會有過甜或過鹹的毛病，小七或路邊麵包店都買得到。小圓麵包和一般餐包稍微不同之處是上頭通常會撒一些香料，加入一點硬口感和不同層次的味道。

Champorado at Tuyo 巧克力粥配鹹魚

如果嫌前幾種早餐過於平淡無奇，異國風情不足，試試巧克力粥配鹹魚吧，包準異國情調指數立馬破表。

巧克力粥，顧名思義就是用巧克力煮成的粥，做法通常是先將純可可（或巧克力）塊融化後再加入糯米熬煮（應該是啦），吃起來就像是很甜又很濃稠的稀飯。

這組合光想像就已爆甜，但菲律賓人通常還會再淋上煉乳，甜上加甜，錦上添花，讓你一大早就熱量超標，以卡路里爆滿的姿態面對忙碌的一天。據說這道料理特別適合在雨天吃，可以溫暖撫慰你陰溼的心靈。

至於為什麼要配鹹魚呢？

沒有加洋蔥這麼動人的理由，純粹因為這碗粥實在太甜了。甜到連菲律賓人都覺得直接喝一碗巧克力粥太膩，所以配上一條鹹魚，用另外一個重口味來讓你的大腦分心，進而能夠喝完整碗粥。相比於黑松的廣告語「檸檬尬冬瓜，蹦出新滋味」，菲律賓的巧克力粥尬鹹魚才是真正跳出邏輯框架，完全不顧眾人眼光蹦出的全新滋味。

不得不說，雖然我覺得隨便端個臺式鐵板麵就可以把上述菲式早餐全數打爆，不過每個國家都有自己的胃的形狀，沒必要硬分出高下，畢竟我們從小吃臺灣早餐長大，如此比較並不公平，菲律賓還有許多類型的早餐，像是稀飯配豬肉、雞肉粥、小鹹魚配飯等（菲律賓人煮的粥還挺好吃的）。而且要是你仍然覺得菲式早餐好無聊，其實菲律賓大部分地方都可以點到培根加蛋這種洋派的早餐啦。

飯菜香噴噴，吃飯用手抓

整人專家胡貞說過，頭髮亂糟糟，梳頭用手抓；菲律賓人則是飯菜香噴噴，吃飯用手抓。

講到用手吃飯，第一個冒上心頭的往往不是菲律賓而是印度，菲律賓人也不是每一餐都用手吃，大部分情況還是會用湯匙與叉子，手對於他們來說，更像是餐具的另一種選擇。

菲律賓人用手吃飯的習俗可以追溯到十六世紀的西班牙殖民時期，直到現在，他們還保有傳統習俗「Kamayan」——把一堆食物擺在香蕉葉上，大家一起用手吃飯。若參加菲律賓當地旅遊團，很可能其中一餐就會採取這種形式。

根據菲律賓人的說法，Kamayan 時盡量用其中一隻手吃飯就好，因為另一隻手要保持乾淨好喝酒。

若要說平日最常看到菲律賓人用手吃飯的場合，大概非 Mang Inasal 烤雞店莫屬。有次和菲律賓同事一起去吃，他們就說烤雞用手來吃，風味更佳。姑不論是否為真，光看他們的「手」藝就是種享受，雞和飯在他們手裡好像有了新的靈魂，看著特別好吃。

據說，手的弧度和力道都有講究，唯有手的巧勁才能讓烤雞的醬汁和白飯柔情似水地融合在一起——有夠會唬爛。有鑑於疫情蔓延，小朋友還是不要隨便嘗試好了。

值得一提的菲律賓料理

每次從菲律賓返臺，我總有滿滿的欲望想大快朵頤，牛肉麵、鹹水雞、路邊麵攤的油豆腐……宛如活屍看到身材很好的辣妹。沒辦法，菲律賓對我來說就是美食界的一灘死水，怎麼攪動都無動於衷，怎麼咀嚼都讓人徒增傷悲。

但披沙瀝金，我還是從美食荒漠中精挑細選出了值得一提的菲律賓傳統美食。看清楚喔，只是值得一提，我可沒說是訪菲必吃清單，沒吃就會後悔一輩子。這些東西就算你一輩子都沒吃到也不會有絲毫損失，因為我得認真說，臺灣隨便吃個紅油抄手就可以把接下來要介紹的東西全面擊潰。請抱著得過且過的心情，一起來看看菲律賓值得一提的傳統料理吧！

牛骨湯（Bulalo）

第一個入選的美食是牛骨湯。

我第一次喝到正宗牛骨湯是在往大雅臺火山湖的路上，老實說那時完全沒有被驚豔。雖然在美食荒漠中，牛骨湯算是一枝甘露，但著實沒在我心中掀起什麼漣漪，是後來在其他地方喝了幾次後，才漸漸愛上那濃郁甘醇的湯頭。

牛骨湯基本上在各家菲菜連鎖店裡一定都有販售，就連路邊的小自助餐也有賣，主要內容物就是牛肉、牛骨和牛腱，通常還會參雜許多高麗菜和少數玉米，由於牛骨得熬煮數小時，所以喝起來很有層次，像是走不完的樓梯，口味和臺灣的清燉牛肉湯相當類似。

牛骨湯很鮮甜

牛肉方面，往往比臺灣牛肉麵的肉更軟嫩些，尤其是沾黏在牛骨旁邊的牛肉更是滑嫩可口並帶有些許嚼勁。若你用粗吸管把牛骨裡的骨髓吸乾，特別過癮之餘，吸完直接痛風發作，更是一石二鳥。

要小心的是，有些店家的鹽好像不用錢，猛撒一通，完全蓋過了牛肉原本的鮮甜。若想預防，可以先交代店家「Less salty」，小心駛得萬年船。

烤乳豬（Lechon）

烤乳豬絕對是菲律賓人最愛吃的料理之一，可以說到處都有，一家烤豬萬家香，有時侯我邊走邊滑手機都會不小心撞到乳豬，真是不好意思。

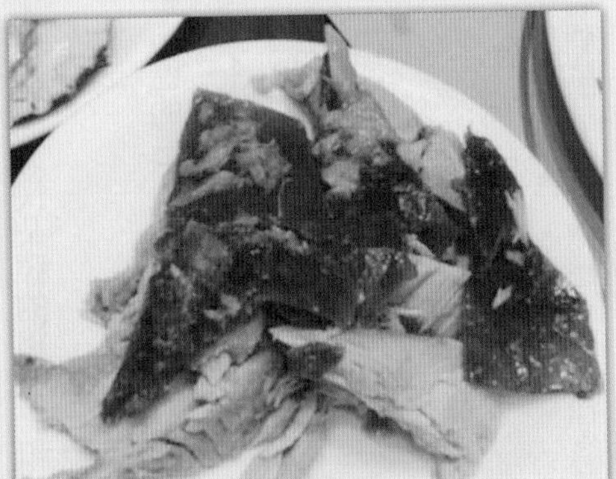

皮脆脆的烤乳豬雖然會黏牙，還是挺美味

基本上，菲式烤乳豬的特點在於將乳豬的外皮烤得酥脆萬分，咬起來咖咖作響，豬肉的肉質仍保持柔嫩。另一種做法則是讓烤豬外皮軟韌軟韌的，和脆皮相比，算是各有千秋。我比較喜歡脆脆的口感配上軟嫩豬肉，衝突的美感在後現代主義中更顯華麗。

烤乳豬專賣店通常都會配上好吃的蒜飯，是個能大快朵頤的組合，和阿Q桶麵一樣，一下子就能連吃好幾碗。

這裡也順便推薦兩間宿霧的餐廳，一間是市區的 House of Lechon，另一間是 SM seaside 的 CNT Lechon，雖然烤乳豬吃起來差不了太多，但這兩間真的比較好吃。我估計他們的豬經過精挑細選，都含金湯匙長大，口感才會如此完美，而且這兩家的調味比較含蓄，保持豬肉原本的香味，不會矯枉過正加一堆香料，搞得豬狗不如人心惶惶。

雞肉粥（Chicken Lugaw）

連雞肉粥這麼無聊的東西都搬上檯面，真是母豬賽貂蟬效應，在菲律賓待久了，稍微好吃的東西都讓人印象深刻。

我向來納悶，在嗜飯如命的菲律賓，為何米飯都煮得差強人意，甚至難以下嚥，但我吃過好幾家美食街裡普通的雞肉粥，以及某些假臺式餐廳的皮蛋瘦肉粥，水準都相當不錯。他們的粥煮得還真不錯。

不過粥就是粥，實在拿不出什麼華美的詞彙來唬爛，就是不會太鹹，又有淡淡的雞肉香氣，通常當地人都會搭配洋蔥、辣椒、醬油，有些人還會加入金桔（calamasi）。反正就是一個很可以下嚥的東西，吃完不會想跳勝利之舞，但午夜夢迴想到那滋味，心頭還是會有一絲溫暖。

還有一說，雞肉粥很適合在下雨天吃，就和早餐吃巧克力粥一樣，能在陰雨綿綿的季節裡，用溫暖的粥來滋潤你受傷的心靈。

菲律賓鐵板豬肉（Sisig）

最後用這個曾被《紐約時報》評為「地表最強豬肉料理」的 Sisig 來結尾，順便印證全世界的媒體都愛唬爛，什麼地表最強豬肉料理，到底把松阪豬、炸豬排、豬肋排放哪去了。菲律賓鐵板豬肉普通到我放進這份「值得一提」清單裡都多想了兩秒鐘，如果你吃完後覺得它真的是地表最強，歡迎寫信給我，我一定不會回信。

Sisig 這道料理其實就是個物盡其用的概念，因為古早時期豬全身都能賣，偏偏就是豬頭沒人要，有些地方媽媽便靈機一動，把豬頰、豬頸配上豬肝亂炒一通做成創意料理，沒想到一鳴驚人，連杜特帝都聞香而來，Sisig 就這樣順應而生。

反正這道菜就是個豬肉大雜燴，現今做法除了原先的豬頰、豬頸、豬肝，還會加入豬肉，再搭配青蔥、洋蔥、辣椒一起拌炒。由於豬頰肉特別有嚼勁，所以整道料理的口感很豐富，有軟有硬有韌，讓你的口腔享受到全方位的律動。

但硬要說這道料理有多好吃，我實在很難苟同，就是一道很下飯的黑胡椒鐵板料理嘛，That's all, nothing more.

好的，介紹完畢。啥？完全沒有想吃的衝動？其實上述料理都可以去吃看看，都是吃了不會痛苦的好食物，雖稱不上超級美味，但填飽肚子和應付一般味蕾絕對綽綽有餘。

Sisig 雖然不到超好吃，但也還 OK 啦

鹹溼重口味

菲律賓的食物，真的有夠鹹。

中菜講究色香味俱全，菲律賓菜外型不佳也就算了，一試之下才發現長得醜又沒內涵。

硬要講，菲律賓當然有一些好吃的料理，像是牛骨湯。

牛骨湯喝起來就像臺灣清燉牛肉湯的同卵雙胞胎姊妹，只是這個菲律賓妹妹粉撲了三層，腮紅塗得像殭屍，反正就是濃妝豔抹，走標準的鹹溼重口味路線。

菲律賓料理很容易鹹得要人命，廚師撒鹽比NBA球星Lebron James賽前撒止滑粉還澎湃，喝起來特別有罪惡感，往往沒幾口就感覺血壓蠢蠢欲動。以臺灣人的口味來說，常常點了牛骨湯還得自己加點熱水來調整湯頭。

撒鹽很狂妄之外，菲律賓的糖好像也不用錢。每次吃他們的甜點，才咬一口就已預見醫生拿著糖尿病報表搖頭的神情。

當地著名甜點「Halo-halo」就是甜到爆表的表率之一，剉冰本身先加了一堆沾滿糖漿的料，然後淋上煉乳，最後再加一顆冰淇淋，甜甜相連到天邊，完全是以獵豹的速度朝心血管疾病衝去。

而且不單單是本地的店如此重甜，國際品牌也為了配合他們的口味甜到不要命，連螞蟻都勸我少吃一點。

根據二〇一六年的報導統計，菲律賓罹患糖尿病的人口高達六百萬人，糖尿病相關教育部門的局長更表示，實際數字很可能是一千兩百萬人，因為有太多未確診的案例（沒錢看病）。

數字如此龐大，更顯示了菲律賓的飲食文化帶領著全民無怨無悔邁向病痛；要不鹹過頭，要不甜在心，又超愛油炸類食物，簡直集各種垃圾食物精華為一身。

臺灣同胞們若打算久居菲律賓，千萬要小心啊。

菲律賓的特殊水果

何謂特殊？就是能見度較低，你可能這輩子都沒聽過的水果。因此像芒果、西瓜、榴槤這些死老百姓型的水果，雖然在菲律賓盛產，但是獨特性不夠高，不多加贅述。

椰子（Buko）

別急著翻白眼，請先冷靜，椰子會入選有其因由，雖然 Buko 就是椰子，但和一般常見的那種 coconut 相比，它是還未完全成熟的椰子，外殼較軟，裡面的果肉也比較嫩。在菲律賓，成熟的椰子叫做 Niyog。由於我和女友在長灘島時，她整整問了我三次「Buko 是什麼？」讓我默默決定要把它放在第一個介紹。

在菲律賓鄉野的小路上，到處都可以見到賣 Buko 的小攤販，如果向他們購買，他們會非常專業地幫你削去堅硬的外殼，方便你直接飲用，而且價錢通常便宜得驚人。我們村莊的小販一顆只賣二十披索，這還是通貨膨脹過的價錢，據說五年前一顆才十披索。

椰子汁除了好喝，還可以用湯匙直接挖取內層的椰子肉，同樣鮮美不已。有些一說，椰子汁可降火，但椰子肉吃了卻會上火，兩者同時食用便可達到陰陽調和征服宇宙的效果。

若在馬尼拉，則有機會在街頭上看到攤販推著一整車椰子，旁邊擺著一罐已經調製好的椰子水在叫賣，椰子水的價錢一杯十五到二十五披索，裡面還會參雜幾條椰子肉。我買過幾次，總覺得味道不是很天然，應該添了些糖水，但在暑氣沖天的馬尼拉街頭仍然是相當清涼的好選擇。如果椰子存貨夠多，你也可以直接購買整顆椰子。

牛奶果（Star Apple / Caimito）

這種比較冷門的水果中文似乎叫做「牛奶果」或叫「星蘋果」。外型是搶眼的紫色，切開時會流出黏稠的白色汁液，我猜也是命名為牛奶果的由來。

牛奶果雖然在臺灣不常見，但在菲律賓是一種很普遍的水果，一般超市與傳統市場都買得到，牛頓若是菲律賓人，說不定就不是被蘋果而是被牛奶果砸到了。

我吃過兩次牛奶果，老實說並不是我的菜。口感有點像山竹，但又更黏稠些，大概就是不喜歡那黏稠的感覺，總覺得像在吃痰，而且黏黏的口感不會在吃完後馬上消失，會一直跟著你大概十分鐘，雖然不像嬰靈會跟很久，但我還是不喜歡。

味道則是酸酸甜甜澀澀的，果實旁邊的紫色果肉不能食用，不小心吃到也還好，沒什麼味道，就像咬到香蕉皮一樣，口感同樣是黏稠的，是一種依賴性非常強的水果。

紅毛榴槤（Soursop）

第三種是查了後才發現中文叫做「紅毛榴槤」或「刺果番荔枝」的Soursop。

名字取得如此囂張，果然是冷門水果，但我實在不明白紅毛榴槤的命名邏輯在哪？因為Soursop的表皮是綠色，內裡則是像釋迦的白色果肉配黑色種子，除了表皮上的凸起物勉強可稱為毛，但毛也是綠的呀，反正我完全無法把它和紅毛榴槤聯想在一起，八成就是一個想耍酷的名字。

因為不太確定我有沒有吃過Soursop，只好翻譯別人的經驗——有個國外網友說，Soursop吃起來像草莓加鳳梨再參雜一點柑橘的酸味，口感則是乳霜般的綿密，就像是椰子肉綜合香蕉肉，是種完美水果的組合（如此曲折離奇的描述，看來外國網友比我還會唬爛許多）。《湯姆歷險記》作者馬可．吐溫一八六六年在夏威夷吃了 Soursop 後，則忍不住讚嘆地寫下：「夏威夷有這麼多豐富的水果種類，但是 Soursop 才是哥吃過最好吃的水果，沒有之一。」

海南蒲桃（Duhat）

Duhat 的中文名字是海南蒲桃。我沒吃過這種名字鑾日本風格的水果，也不確定在超市有沒有看過，純粹是上網搜尋來的。Duhat 也叫做 Java Palms，在菲律賓也有人叫它 Lomboy。

Duhat 的外型是深紫色的橢圓形，長一到二公分，基部略為歪斜，成熟時果實會由紅色轉為暗紫紅色或黑色，果皮薄，

很冷門的紅毛榴槤其實鑾多地方都有賣

果肉厚而多汁。吃起來酸酸甜甜，據說菲律賓人喜歡沾著鹽巴吃，就像吃青芒果一樣。裡頭果肉的顏色也是深紫色，而且有很強的黏著性，吃完之後舌頭都會變成紫色。平常喜歡假裝舌頭缺氧的朋友千萬別錯過這個好機會。由於不易保存，所以最好在購買第一天就食用完畢。

人參果（Lanzones）

Lanzones的中文名字叫做人參果，應該是純粹的音譯，因為我吃來覺得和人參毫無關係。

人參果的外形有點像龍眼，要剝掉外皮才能食用，小小一顆，裡頭卻有像橘子一樣一瓣瓣的果肉，給人一種精緻的錯覺。人參果的皮非常苦，我不小心舔到了一次，苦得想靜坐三十天。

果肉方面的話，我覺得挺平淡，硬要說可能有點像沒那麼熱帶氣息的葡萄柚，比較不甜也比較不酸，沒有豐富的汁液，還多加了一些些苦澀，大概就是一個藍領階級中年男子的感覺，不會讓人留下什麼深刻的印象。

不過，這麼無趣的水果在菲律賓卻是鼎鼎有名，甚至被視為神聖的水果之一。

這裡流傳著一個關於人參果的故事：人參果曾有劇毒，不能食用。某村莊裡有一棵人參果樹，村民明知有毒，卻因為外形實在太可口，很多人都忍不住饑餓嘗過幾顆，最後全死於非命，偏偏果樹一年比一年茂盛，也讓愈來愈多控制不住欲望的村民死在人參果的劇毒之下。

有一天，一位饑餓的老婦人來到村莊乞討，村內幾個好心人不但給婦人食物，還提供乾淨的水與衣服，並提供臨時住宿，讓她住到想走的那天為止。婦人非常感激，住了好一陣子。某天，她聽到村民正在討論人參果有劇毒的事情，忍不住詢問了果樹的所在地。

老婦人一見到果樹，馬上露出了微笑，對附近的村民宣布，人參果是可以吃的，因為她在別的村莊見過。

村民不相信，她便取下幾顆果實，剝掉外皮，輕輕一擠，將果肉裡的白色黏稠液體擠出來。老婦人說完「這樣就可以吃了」後，就把果實一顆顆塞進嘴裡，村民以為她馬上就會中毒而死，沒想到她一顆接一顆，愈吃愈順口。

好幾位早就想吃的村民馬上有樣學樣，吃了好幾顆人參果。只要輕輕一擠，就把人參果的毒液全擠掉了，村莊也因為人參果的生意而富饒了起來。

哇，真是一個無聊的故事啊。

這故事實有三大訴求。第一就是隨時與人為善，適時伸出援手；第二就是要隨時思考事情是不是有更好的做法，很多時候不是事情本身有問題，而是程序出了問題；第三就是人參果不要亂吃，會中毒。

說實話，這篇文章我寫得有點痛苦，以至於菲律賓還有許多冷門水果都被我選擇性拋棄了，一來水果實在不是一個有趣的話題，二來若沒吃過，光是改寫網上查到的資料，實在有夠沒原創性。再來，每個水果的名字都千變萬化，統一查詢相當困難，有時候查了老半天才發現根本是另一個水果。

所以說，人還是回歸基本面好，乖乖吃你的香蕉芭樂，沒事別去碰什麼紅毛榴槤還是綠光蓮霧了。

Jollibee：菲律賓速食界的真正霸主

如果有人問我，對菲律賓最強烈的第一印象是什麼？我可能會說「Jollibee 的臉」。儘管交通、氣候等印象都挺強烈，但它們都沒有 Jollibee 的臉來得搶戲。

記得我到菲律賓的第一天，前往公司的路上，一直一直重複看到 Jollibee 那似熊非熊、似蜂非蜂的模樣，尤其是他臉上那一抹真誠又帶著狡詐的笑容，實在無法輕易忘懷，直接鎖進我潛意識裡最深刻的片段。

然而，Jollibee 的身分確實配得上那出色的容貌，因為 Jollibee，aka 快樂蜂，正是菲律賓速食界的真正霸主。

在菲律賓，能讓麥當勞叔叔和肯德基爺爺同時退後三步、肅然起敬者，唯快樂蜂一人是也，什麼叔叔爺爺這些輩分，他壓根不放在眼裡，別人要等用餐尖峰時段才會大排長龍，快樂蜂可說是無時無刻大排長龍，翻桌比翻臉還快。

為什麼我對 Jollibee 的印象這麼深刻呢？

因為 Jollibee 的店家覆蓋率實在很高，一家百貨公司裡有一間 Jolibee 是基本，兩間是常態，就算開到三間也完全不意外，就是這等霸氣。反正永遠會有宛如活屍般的人群蜂擁前來，只為一嘗那嬌嫩欲滴的炸雞。

Jollibee 的用餐環境其實挺不錯，無論是市中心的百貨還是偏鄉小鎮的加盟店，都維持著速食店該有的水準，採光良好，不會讓你像在陰暗的客廳裡吃飯。

最大的缺點應該是因為太受歡迎，座

Jollibee 永遠都在客滿與排隊

位不好找，用餐時段更是人潮洶湧、口沫橫飛，還常常有一堆小屁孩在餐廳裡玩耍，若習慣邊吃飯邊聊間諜相關事務，那 Jollibee 肯定不是你的首選。

另外，Jollibee 和菲律賓其他速食店一樣，顧客不用自行清理用餐後的餐具，所以人潮一多，服務生人手不夠，餐盤碗筷便在餐桌上堆積如山，有時瞄到鄰桌吃剩的雞骨頭，難免影響胃口。

至於裝潢風格嘛，就和其他速食店沒有兩樣，整間餐廳的標準色是紅色與黃色，和麥當勞叔叔有點撞色。不過，剛剛說過了，依輩分來講，麥當勞還要尊稱快樂蜂一聲二叔公，這點小小的抄襲，並不構成什麼議題。

若論服務品質，就是慢，不過這和 Jollibee 無關，慢是全民運動，凡事皆要慢條斯理毛手毛腳。他們確實有試著優化點餐流程，不過效果還沒出來；點完餐，拿完飲料就可以去找位置，照理說應該要很快才是，但簡單的事情複雜做，這就是菲律賓人的處事原則。反正呢，等待是醞釀胃口的良藥，看著旁人大口啃食炸雞，你的味蕾也會不自覺受到挑逗，真正領到餐時，褲子都脫一半了。

由於 Jollibee 算起來有可能是我在菲律賓吃過最多次的餐廳，再加上我在速食界深耕多年，在速美界（速食美食）的權威算是有目共睹，接下來就介紹一下 Jollibee 的餐點。

首先從沒那麼好吃的東西介紹起。

Jollibee 提供的義大利麵是非常「菲」式的義大利麵，菲到我覺得完全可以改名為「菲律賓麵」，因為壓根和義大利扯不上半點關係。

整體口味我覺得很廉價，就像小時候福利社賣的便宜義大利麵，味道很甜，幾乎沒有番茄味，裡頭通常會摻一些味道不正統的切片熱狗。奇怪的是，每隔一段時間我都會不自覺地點來吃一下，猜想可能是因為加了很多糖，所以讓人產生原生的欲望。

雖然我個人覺得不好吃，不過這種改良過口味的義大利麵深受菲律賓人的喜愛，從他們看那些麵條的眼神就知道了，像看到黑寡婦的洗澡水一樣，而且 Jollibee 三不五時會在粉絲團貼義大利麵的照片，挺多菲律賓人都會主動轉貼與分享（沒有優惠喔），可見他們對於此味多麼熱愛與忠實。

接下來介紹漢堡。

Jollibee 漢堡的選擇並不多元，雖然有時會隨季節推出特別款（加鳳梨之類），但大多時候都是維持基本款。

我只在 Jollibee 點過兩次漢堡，一次是加青菜和培根、一次是最基本款的，兩次點的社交情境都一樣：「我今天不太想吃炸雞，想換點清淡的。」以口味來說算是中規中矩，但在路上碰到也不會特別回頭看一眼。

Jollibee 漢堡都有加一層甜甜的美乃滋，產生一股特別的奶味，有些人喜歡，有些人不喜歡。由於美乃滋會讓整個漢堡有股臺灣早餐店的感覺，偶能激起一點點鄉愁的浪花。

總歸來說，Jollibee 的漢堡略遜於麥當勞，如果很喜歡美乃滋的人倒是可以嘗嘗看。

薯條的話，熱熱吃，快快好。熱的時候和麥當勞薯條平分秋色，冷掉後就沒辦法比了，是必須趁熱吃的薯條。也會推出加入大量起司粉的搖搖薯條，很夠味，算好吃，不過是季節限定。

來 Jollibbe 不點炸雞就是棒槌

另外，菲律賓的速食店都會配飯，Jollibee 當然也不例外。只不過速食店的飯都超難吃，一坨黏在一起，粒粒皆模糊，有時候還很硬。要是沾點炸雞隨附的沾料（Gravy），當泡飯來吃，會稍微比較能夠下嚥。

最後當然就要來介紹炸雞了。

正所謂，平生不識蜂炸雞，便稱英雄也枉然。

一隻其貌不揚的蜜蜂，之所以能征服眾生成為霸主，不是沒有原因的。而炸雞，就是蜂哥能在這片滾滾亂世當中稱雄的主因。

快樂蜂炸雞之好，不是爆炸性噴發，而是循序漸進的。

記得頭幾次吃的時候，我還沒有那麼深刻的感受，但隨著時光緩緩地波動，它的好、它的暖、它的無微不至，就從那些不經意的片刻漸漸顯露出來，直到我回過神才發現，自己早已默默成為它的俘虜，拜倒在它嬌嫩欲滴的鮮美肉質底下。

那酥脆的外皮配上滑嫩的雞肉，絕配程度大幅超過了彭彭與丁滿，每每吃到忘情時，連手指頭都會跟著咬斷，尤其是吃到最後一口的當下，往往頓時覺得陽壽少了一刻鐘，畢竟任何美好都有代價，而唯有用純真的靈魂，才能換來如此美味的享受。

如果喜歡吃辣，記得告知店員，他會為你撒上專屬辣粉，並插上一根辣旗宣示主權。但務必小心，Jollibee 的辣粉非常猛，是會辣到七孔流淚的程度，所以要是發現店員的辣粉撒得太過豪邁，別害羞，請他更換另一塊給你。我有次真的吃到雙唇麻痺，眼淚直流，間接證明了食物要感動人心，加洋蔥不是唯一的選擇。

雖然說有點過於誇大了好吃程度，但 Jollibee 的炸雞真的很好吃，且經得起時間考驗，我吃到離開菲律賓了都還沒膩。縱然不愛吃太多油炸物，但一想到那美味，還是會忍不住點來吃。

值得注意的是，每間分店的品質可能有所不同（這在菲律賓是常態），有可能你今天吃到超完美狀態的炸雞，下一次就吃到又乾又扁的媽媽桑炸雞，需要一點機遇。

總之，非常推薦各位去菲律賓玩時試試 Jollibee 這個在地本土炸雞，如果你吃起來沒有和我形容的一樣，可以聯絡我的律師，或是再多試幾次。記得我說的，快樂蜂炸雞的好，需要時間的發酵。

Jollibee 番外篇
——三件你可能不知道也不想知道的快樂蜂新鮮事

Jollibee 以前比較短

什麼長不長短不短的，是在說哪裡？我說的是 Jollibee 以前的拼音比較短。

如果請一位稍微年長的菲律賓人用英文拼寫 Jollibee，他拼錯的機會相當大，不是因為他英文不好或智商不足，而是 Jollibee 更改過品牌寫法。

在七〇年代，Jollibee 的品牌創始者 Tony Tan Caktiong 將其店命名為 Jolibe。

你可能想問，Jolibe 是什麼意思？

答案是沒有意思，就是一個隨口亂取的名字。

因為當時的 Jolibe 只是冰淇淋專賣店順便賣熱食的品牌，根本沒打算認真經營，誰知道無心插柳柳橙汁，柳暗花明豬肉堡，熱食部的漢堡三明治愈賣愈好，生意遠遠超過冰淇淋，這時他們才重新思考品牌方向，並採納管理顧問 Manuel C. Lumba 的建議，把原本毫無意義的 Jolibe 改成 Jollibee，取諧音Jolly Bee，快樂蜜蜂。

快樂蜜蜂代表了菲律賓人的精神，擁有一副好心腸並努力工作，儘管忙碌但依然常保快樂。

從毫無意義的品牌名稱改成有點意義的品牌是不是 Jollibee 的成功關鍵？我不確定。唯一確定的是我常常把 Jollibee 拼錯，那麼多個L在中間真的很容易少寫一個。

除了快樂蜂，還有其他妖怪？

管理顧問 Manuel C. Lumba 幫忙改造品牌時，不止換了新名字，也是這隻似熊非熊、似蜂非蜂，掛著詭異笑容的吉祥物創造者。

快樂蜂吉祥物的設計靈感哪來的呢？簡單說，抄來的。

直言抄襲好像太難聽，應該說是參考。只要仔細觀察就會發現，快樂蜂吉祥物是米老鼠與麥當勞叔叔的綜合體，連創辦人也說他就是參考米老鼠的。如果你也想創一個人見人愛的吉祥物，或許可以考慮綜合肯德基爺爺與奶昔大叔，又肥又老，頗具男人味。

這隻蜂好不好看很主觀，但覺得好看的人會讓我嚴重懷疑他的審美觀。我老覺得這隻蜂有股邪惡感，很像想偷幹骯髒事的假好人。

其實 Jollibee 除了這隻蜜蜂，還有一整套吉祥物，江湖稱「Jollibee 超暴醜團體」，全數住在一個叫做 Jollitown 的虛幻小鎮裡。儘管他們醜到有點噁心，但因為 Jollibee 的高知名度，這些牛鬼蛇神居然還擁有自己的兒童節目，已經轉播五年，超過兩百四十多集。

就和麥當勞的漢堡神偷、奶昔大哥一樣，這些吉祥物其實各自代表著 Jollibee 的食物，比如髮型像佛祖的那個就是薯條的吉祥物，其他就不一一介紹了，我實在不想在那些奇形怪狀的東西上逗留太久。

麥當勞也有打輸的一天

說到速食店，麥當勞可說是打遍天下無敵手，去哪個國家就把該國的速食店打爆，就算沒打爆也肯定會搶下龍頭寶座，只留點狗骨頭給其他人啃。

如此麥當勞來到菲律賓卻摔了個大跟頭，被一隻邪惡蜜蜂壓在地上狠K。

根據 Forbes 統計，目前 Jollibee 在馬尼拉有近十八%的市場占有率，麥當勞只有十%，這還不包含 Jollibee 併購的超群、Mang Inasal、Greenwich 等，麥當勞叔叔應該是第一次吃這麼大隻的虌。

其實當年麥當勞即將大舉入侵菲律賓時，所有人都勸 Jollibee 創辦人 Tony 不要玩了，打不過這隻巨獸的，但 Tony 也不是省油的燈，非常耗油地特別跑去美國觀察麥當勞的營運狀況。

「我發現麥當勞很強，幾乎在各方面都壓制我們，但唯有一點 Jollibee 可以勝出，那就是食物的口味。麥當勞賣的東西是給美國人吃的，不是菲律賓人，咱們 Jollibee 更甜、更鹹、更重口味，這就是我們勝出的關鍵。因為像麥當勞這麼龐大的企業，維持一致口味是很重要的，他們不會輕易調整食物的配方。」

甜甜的義大利麵竟然是麥當勞叔叔被打爆的原因之一，誰想得到？

另一個 Jollibee 勝出的原因是行銷方向，主打「菲律賓價值」，像是尊敬長者、忠於家庭、愛國心等，當然還有勤奮與快樂，可說在身心靈三方面都打中了菲律賓人的點。

麥當勞叔叔這回可真當了小丑，不過十%也很不錯了，輸了面子而已，要是為了贏得菲律賓市場，把食物弄得怪里怪氣四不像，好像也沒特別有尊嚴。

Mang Inasal：外型邋遢的連鎖烤雞店

MANG INASAL 是菲律賓文，念起來是 Mang Inasal，依我拙劣的菲律賓話推測應該是「燒烤先生」的意思。

Mang Inasal 在菲律賓是極為常見的連鎖餐廳，除了有獨立店面，各大百貨商場內也會設點。由於生意蒸蒸日上，現已被速食龍頭 Jollibee 收購，成為旗下品牌之一。

有意思的是，這間餐廳雖然貴為速食店，其外觀、內部擺設與用餐氣氛都呈現出一種讓人微微卻步的氛圍。要不是我初抵時就有菲律賓老司機帶路，可能這輩子都不會踏入 Mang Inasal。

更詳細地分析，第一是純粹的外型問題。他們的裝潢並不像摩登的現代速食店，而是選了種刻意復古的鄉村基調，昏暗的燈光配上木桌木椅，還有詭異的綠色，真讓人產生置身鄉下小店用餐的錯覺。第二是衛生觀感，每到用餐時間，Mang Inasal 往往人滿為患，由於在菲律賓用餐完畢後不需要自行整理，滿滿的杯盤狼藉點綴在餐廳各個角落，不免讓人對衛生與安全心生強烈的自我防衛機制。

儘管 Mang Inasal 其貌不揚，但糟糕的外型不該阻撓我們認識其深刻的內涵。

在食物方面，Mang Inasal 的主食清一色全是燒烤。有烤雞、烤豬肉串和烤虱目魚，由於我每次都點烤雞，所以我只能寫烤雞。

烤雞在菜單上總共有三個選項，首先是烤雞腿，不是棒棒腿而是連帶大腿肌群的刀字腿，另外還有同部位的辣味烤雞腿。

第三個選項是烤雞胸，相較於雞腿來

Mang Inasal 烤雞很帶勁

說，肉的分量較多，但是脂肪較少，肉質比較乾澀，如何選擇端看個人對分量和健康的考量。

如同一般速食店，Mang Inasal 當然也有套餐可以點。

用烤雞腿來解釋的話，基本套餐就是一根雞腿加一碗飯，要價九十九披索（最近似乎漲價）；如果想加一杯飲料，那就是一百零九披索。然後最符合當地文化的究極加點來了——十披索無限量飯加點，unlimited rice！

想吃幾碗飯都只要十披索，這絕對是菲律賓人的福音，因為他們真的有夠愛吃飯，所以不只 Mang Inasal，麥當勞、肯德基的炸雞套餐也都會配飯。

Mang Inasal 的烤雞圖片很騙，但很好吃就原諒它

我至今還沒試過 Mang Inasal 的無限量飯加點，畢竟我常常連一碗都吃不太完。

雖然可以點很多飯，但 Mang Inasal 套餐就是單純的雞腿加白飯，頂多配上調配沾料的辣椒和金桔。無論配色或擺盤都非常無聊，領到餐時經常伴隨著一股空虛的冷風。如此套餐組合也可看出，蔬菜在菲律賓人的食物光譜裡完全受到忽略，大口吃肉大口吃飯才是菲律賓王道，什麼綠色蔬果統統閃邊去。

值得一提的是，由於 Mang Inasal 餐點都是現烤，所以往往需要等蠻久的。但等待是值得的，漢堡王說過的嘛，現烤就是美味。

Mang Inasal 餐廳裡，每張桌子上都有一瓶醬油、雞油與檸檬汁。基本用法就是醬油加幾滴檸檬汁，最後再擠上金桔汁，如果喜歡吃辣，就用叉子把辣椒絞碎摻進醬汁中，吃起來風味更佳。

另一個祕訣是把雞油和一點點醬油倒在白飯上，讓白飯變得黃澄澄的，同時多出一股意外的香氣，讓你產生吃薑黃飯的錯覺。這是我某次從隔壁桌菲律賓人身上觀察到的神奇撇步，簡直可以放進冰冰好料理當祕密武器。

最後的最後，終於要進入重頭戲了，Mang Inasal 的雞腿。

Mang Inasal 的烤雞腿真的很美味，這也是為何這間餐廳其貌不揚又不太衛生，我還是執意與它藕斷絲連的主要原因。

雞腿外皮雖然常常烤過頭，呈現微微焦黑的狀態，卻剛好造就了適合口腔咀嚼的完美口感，而雞肉原生田野的香氣，搭配 Mang Inasal 自家獨特的烤肉醃料，則會讓人忍不住一口接一口將它快速肢解，只為了滿足持續暴漲的欲望。

如果說好市多的烤雞是八十分，那 Mang Inasal 的烤雞絕對可以拿到九十五分甚至更高，那雞肉的美味就如同灶神偽裝凡人小露兩手，連阿基師滑進摩鐵前也忍不住拍手讚嘆，怕以後吃不到了怎麼辦啊。

試論菲律賓食物為什麼無法在世界各地流行？

這篇要討論一個沒人在乎的問題。

相信曾經久居菲律賓的朋友們，回到臺灣後，一定完全沒有想念過菲律賓的食物吧？相信我，你並不孤單，這是咱們臺灣人少數團結的時刻。

雖然如此，有個問題卻在我心中環繞了挺久，跟斷了線的風箏一樣，也就是——為什麼菲律賓料理不會在世界上流行起來呢？

東北亞的日本、韓國或東南亞的泰國、越南和緬甸都有屬於當地的指標性料理，而且在臺灣或世界各地幾乎都吃得到，相較於此，菲律賓料理顯得傳播程度異常糟糕，老是躲在菲律賓不敢出來見公婆。

我知道你心想：「啊……菲律賓菜就很難吃啊！當然其他國家的人也不愛吃。」

不得不說我完全同意這個看法，但讓個人喜好凌駕在客觀事實之上未免太主觀了，所以這篇文章想試圖解答一下，為什麼菲律賓料理沒有在世界上流行起來呢？

原因一、難吃

這難吃可不是我說了算，是全世界的共識，黑白黃綠人全部異口同聲認為，菲律賓料理就是難吃。

根據英國著名統計網站 YouGov 二〇一九年報告指出，在他們隨機挑選的二十四個國家兩萬五千位國民前往三十四個國家的料理評分中，拿下冠軍的是義大利菜，中國菜與日本料理緊追在後。菲律賓料理？排在第三十一名，打敗了沙烏地阿拉伯料理與芬蘭料理。

然而其中很大的一個原因是，菲律賓

在菲臺胞推薦的漢堡包夾泡麵吃法

人自評菲律賓菜評為九十七分（滿分一百），連日本人都只給日本料理九十四分！雖然很想大罵不要臉，不過人家說不定就真的很愛吃家鄉菜嘛。

好在統計就是有魅力，除了菲律賓自爽之外，其他國家基本上都給菲律賓菜二十到四十左右的超低分，由此可見菲律賓菜在全世界人中的口味相當一致——一致認同的爛。

此一結果讓菲律賓大廚很是不爽，紛紛發表意見，但我覺得都沒能直指問題核心，節錄幾則如下。

「要煮菲律賓菜的香料很難在國外取得，像是Tuba（椰子酒）、Batwan，甚至連檸檬草的味道在國外都不太一樣。」

「我們對於菲律賓菜的行銷明顯不夠，我們的人民缺乏企業家精神，我們教育人民去當律師或醫生，而不是企業家，這導致菲律賓菜無法在世界上發光發亮。」

「當你被殖民了太久，就會忘記如何評估自己的價值。」

這些發言大概就和國民黨選舉輸掉後的檢討差不多，找一些有的沒的看似很有道理的藉口，卻從不好好討論真正本質的問題，食物不好吃，你再懂行銷也沒屌用。

原因二、菲律賓海外餐廳的定位

一個國家的料理能夠傳播到世界各地，初始原因都是為了供給給當地的移工。這也是為什麼世界各地都有唐人街，畢竟華人滿天下。

菲律賓的海外移工同樣一大堆，為什麼沒有達到傳播的效果呢？海外的菲律賓餐廳幾乎都賣非常「簡單」的食物，基本上以溫飽為主要訴求，再加一點點懷念家鄉的元素，反正就是便宜，然後又鹹又膩的（可以配比較多飯），這樣對於移工來說就已經非常足夠。

仔細觀察菲律賓移工的生活形態也會發現，他們更傾向自己煮而不是外出用餐，因為他們通常多人同住，大夥同煮共吃，比去外面的餐廳更省錢，也更有家鄉的味道。既然海外的菲律賓餐廳連菲律賓人自己都不太去，自然只能提供一些低價、簡單的料理。

無論是餐廳或他們煮的料理，大部分都類似你在菲律賓街頭會看到的「蒼蠅很多」自助餐，這種食物即便有外國人看到或吃到了，應該也不會產生任何想把菲律賓食物發揚光大的念頭吧。

原因三、調味、選料、外觀都有問題

首先是選料。菲律賓食物經常選用一些外國人不敢嘗試的食材，像是豬血、豬鼻、豬腦袋，或是雞頭、雞爪、雞小腸，更別提看了就害怕的鴨仔蛋（Balut）。

不過這比較是西方國家的問題，咱們大中華民族畢竟同樣屬於把動物吃乾抹淨型，蝙蝠都在吃了，區區豬血可嚇不倒我們。

另一個更嚴重的問題是調味與烹調方式。菲律賓料理大多傾向於能快速備妥、便宜與重口味。非常多道菜都喜歡用炸的，不是說炸的就不好，只是相對不健康。

而且為了快速準備，很多菲律賓著名

菲律賓奇怪零食包裝

料理都沒有太多烹調手續，純粹就是把食材全部混在一起煎一煎或炸一炸，不太講究。當然，有些不服輸的大廚試圖把菲律賓料理拉到不同的層次，有些高級餐廳的蒜飯加蛋就弄得比較精緻，但老實說我寧可吃普通版本的，總覺得高級蒜飯加蛋有點醜女多作怪的感覺。

再來就是重口味了。菲律賓食物無論正餐或甜點都非常重鹹與重甜，讓你吃到口乾舌燥欲哭無淚，一口咬下去就是單一層次，很難慢慢品嘗。這其實和他們的米飯文化有很大的關係，因為這些菜都是要你配飯吃的，而且是大量的飯，撒鹽撒到爽完全不是問題，你不和飯混在一起緩和口味才是問題。

人家也是很注重衛生的

Jollibee 的甜甜義大利麵則是另一個被外國人嫌到翻天的料理，在披薩上面加鳳梨和珍珠已經讓義大利人七竅生煙，現在竟然還有菲律賓版甜甜義大利麵，義大利人簡直不想活了。

最後是外觀問題。菲律賓料理真的經常光用「看」的就讓人倒胃口，像是烤到比染色前的麥可・傑克森還黑的烤魚，或是一坨完全看不出來在幹嘛的燉菜，真是看了都倒陽完全沒胃口，本來都準備好大快朵頤了，一看到這些醜東西，舌頭馬上躲起來，還打電話通知腸胃要多注意一點。

總之，每次有人來菲律賓找我或新到的臺籍同事建議一起吃吃看菲律賓菜，我都只能……不知如何回應好。

奇怪，好像不小心又把菲律賓食物嫌棄了一遍，但這真的不是這篇文章的本意，我還以為會查到什麼不流行的真正原因，沒想到純粹就是太難吃了。雖然我常常吃 Jollibee 的甜甜義大利麵，也說過不少菲律賓料理的好話，但有些事實在是勉強不來。

PART 6

我在菲律賓的生活

慢到深處無怨尤的網路速度

身為一個現代都市人，擁有穩定的網路速度是保持優雅的必要條件。我們要求的不多，只要能開開長輩圖，看看朋友傳來的沒營養短片，便已認分知足。殊不知這些生活中的微小幸福，在菲律賓卻是你費盡全力也觸及不了。

雖然如今我的網路狀況已脫離黑暗期，除了有上網流量限制以及依舊無法玩連線遊戲，其他基本網路需求都不成問題，憑良心說早已心滿意足，毫無怨言，但菲律賓還有許多落後地區仍然處於我初來乍到時的滿目瘡痍。

藉著回顧與抒發曾讓我受盡折磨的網路苦難，我想順便讓臺灣同胞了解自己多麼幸福。不要整天嫌人家種花電信，很多事情都要失去了才懂得珍惜，當你連 LINE 訊息都傳不出去的時候，別說種花了，種牛糞你都願意。

菲律賓網路到底多慢呢？

龜兔賽跑聽過吧，菲律賓的網路就是一隻有兔子性格的烏龜，跑得慢就算了，還老在路邊偷懶。

根據 Akamai Technologies 二〇一七年的「平均網路連線」資料，菲律賓的網路速度在東亞區敬陪末座，在世界上排名第一百名，只稍稍領先些許戰亂中或未開發國家。順帶一提，榜單冠軍是南韓，臺灣排第十六名。

從真正的上網速度來看，臺灣的平均網速是十六．九 Mbps，菲律賓是五．五 Mbps。沒概念？讓我舉個例子。現在中華電信3G的平均下載速度是六．五七 Mbps，菲律賓的網速連臺灣3G的速度都沒追上，而且別忘了這數據是平均值，若扣掉馬尼拉都會區那些高檔飯店、豪華辦公室的光纖網路，剩下的可能連二 Mbps 都不到。

以下是我的切身之痛。

剛到菲律賓時，宿舍沒有網路，要上網只能到辦公室，那裡有一具號稱擁有「一 Mbps」的數據機。

一 Mbps 用起來是什麼感覺？

年紀稍長的讀者肯定都還記得，當年每支 YouTube 影片播放前都得先緩衝處理好一陣子，一 Mbps 用起來就是那種感覺。

不管你要開網頁、聽音樂、看影片，只要關於網路，都得先緩衝處理一陣子，有些長一點的影片可能一處理就是十分鐘，還有些處理到一半就繳械逃亡。總之那陣子我養成了凡事皆耐心等待的美德，讓子彈飛一會兒，反正愛就是恆久忍耐又有恩慈。

我曾經提出調高網速的要求，供應商回應：「為了管理整個區域的頻寬，一 Mbps 已經是你們那個區域的極速了。」我是不太懂「管理頻寬」其中的原理，但我想他的意思就是——要慢，就大家一起慢。

不得不說，一 Mbps 的網路還是成了汪洋中僅存的那塊浮木。那時候只要一離開那臺數據機，我的智慧型手機就瞬間變成低能兒手機，每一個要使用網路的 App 都不再具有存在的價值。

你或許會問，難道沒有手機網路嗎？菲律賓不是有４Ｇ網路嗎？

當時我獨自枯坐房間角落，把玩著沒有網路的手機，突然間靈光一閃！想起看過的臺灣新聞說：「菲律賓的手機網路早已擁有４Ｇ多年，臺灣大幅落後，馬英九下臺，叭叭。」

難道只要裝上擁有４Ｇ的ＳＩＭ卡，一切就會撥雲見日？

我馬上開始搜尋菲律賓４Ｇ的消息，臺灣新聞果真沒讓人失望，菲律賓的４Ｇ網路早已行之有年。再用Google查詢電信供應商A的4G訊號分布圖——嗯，完全沒有覆蓋到我們工廠的區域，再查電信供應商B，嗯，還是沒有覆蓋到。

不願放棄這黑暗中透出的微光，隔天我馬上前往商場取得了一張菲律賓電信Globe的4G SIM預付卡，義不容辭地選了網路吃到飽的選項充值下去。看見手機上顯示出3G訊號時，我內心刮起一陣旋風，終於終結這石器時代的生活了嗎？

生活不如意事，十有八九。菲律賓3G訊號的速度大概等於臺灣的2G，如果在臺灣爬過高山（或住比較偏遠）的朋友大概還看過2G的訊號，那是一種只可遠看不可褻玩焉的訊號，明明滿格，卻和沒訊號差不多，充滿了後現代存在主義式的衝突美感。

同理，菲律賓的4G速度差不多等於臺灣的3G，而且除了馬尼拉都會區，覆蓋範圍非常有限（近年其實進步很多），什麼菲律賓網路早已4G大幅超越臺灣的新聞，拜託不要再讓我看到，我絕對看一篇燒一篇。

罵歸罵，人家做得好的地方還是要稱讚一下。

這一兩年不知道是我工作的區域（Panpamga）加裝了許多基地臺，還是菲律賓整體網路基礎建設漸漸跟上，網路在各方面都已大幅進步。

首先是穩定性。以往菲律賓的網路是一言不合就斷線，完全不講道理，服務熱線也打不通，可能一斷就是一下午或一整天，再不然就是下了場雨或停個電，網路就徹底消失。雖然服務熱線很難打，但你還是得一直打，因為不打的話，這一斷，很可能就是一輩子。

現在的斷線機率已大大降低，一個月頂多出現一次，而且多半會自動恢復。偶爾例行性斷線，重開機大概就會好了。值得一提的是，上次颱風連發，外頭狂風暴雨，我房間的網路依然屹立不搖，實在忍不住要豎起大拇指。

再來是網速。以前的網速是可憐加上可悲，好幾次我想看臺灣的國際運動賽事都只能靠與朋友 Facetime 來看（Facetime 網路需求較低），畫質差不多接近馬賽克，在淡淡的心酸中為一團肉色的中華隊加油。現在我自己申請的網路已達五 Mbps 速率，雖沒有逆天的速度，基本上看看串流影片，只要不調到ＨＤ都可以順暢觀看。

唯一美中不足的地方是網路皆有流量限制，必須有節制地使用，不能想看什麼就看什麼。每次我的ＰＳ４遊戲若需要更新都得安排在月底，確定流量能夠安然度過才執行，也算是一種自我管理的訓練。

之前傳出會有光纖網路的謠言後，我聯絡了供應商，記得業務當時這樣回覆：「已在進行地下化工程，預計二〇一八年第一季可以完工。」到了二〇二〇年第一季，我又傳了 Email 詢問業務他們工程進度如何，他說：「已在進行地下化工程，預計二〇二一年第一季可以完工。」不愧是修個路橋可以修超過一年的菲律賓，什麼光纖網路還是別做夢了，繼續乖乖用我的五 Mbps。

如今坐在臺灣電腦桌前的我回想起來，完全無法想像自己是怎麼度過那段沒有網路的黑暗歲月。尼采先生說過，凡殺不死我的，只會讓我更強大，經過那段時光的洗禮，我現在和浩克對打，大概可以撐一分鐘。

菲式肢體語言

菲律賓人的肢體語言此一命題其實在我心中醞釀許久，畢竟肢體動作很容易觀察又極具趣味性。我在菲律賓的日子裡雖然學不到幾句菲律賓話，但因為和他們朝夕相處，經常見到這些菲式肢體語言，任何具一點觀察力的滯菲人士一定也都看過這些動作。

若你碰巧初來乍到菲律賓，本文將為你傳道授業解惑也，讓你成為菲式肢體語言的人肉翻譯機，順利解讀他們的潛臺詞，永遠不用擔心被菲律賓女傭毛手毛腳，大大減少文化差異帶來的衝擊。

超級低姿態

場景大概是這樣，假設我正和A面對面交談，這時B若不得不從我們面前穿越，他不會說 Excuse me 或 Pardon me，而是會伸出一隻手，把自己身子壓得超低，再像爬蟲類一樣快速竄過我們面前。有時候就算你只是一個人眺望著遠方，他們也會來一個超低壓車通過。

這動作其實很好懂，就是一種表示禮貌的姿態；不願意打擾到對話中的人，或不願打擾正在沉思馬克斯主義的我。老實說讓人感覺挺受尊重，有點像禮貌過頭的日本人，雖然覺得沒必要，但禮多人就是不怪。

我一開始以為這是菲律賓人對華人主管或高階人士的逢迎拍馬，後來發現他們不挑人，無時無刻都在做，這動作已經深深刻劃在他們的行為模式之中。只不過有時候實在低得太誇張，底盤都磨到地板了，反而讓我忍不住多看他們兩眼，徹徹底底受到干擾。

用嘴唇指引方向

這是菲律賓人惡名昭彰的肢體動作之一，可是我很少看到，也就是當你問菲律賓人方位時，他們不用手比，而是用嘴唇指引你。

可以想像，為了正確引導，嘴唇肯定會有些 movement，在外國人如我眼中看來就像是索吻或顏面神經失調，因為有手有腳的人都不會用嘴唇去指方向。

這動作不限於問路，如果三點鐘方向突然出現正妹，菲律賓人也會用嘴唇來提醒，而且會依臉部失調的程度代表遠近，嘴唇愈扭曲，代表該物體在愈遠的位置。若是真的很遠，還會再加入脖子的動作當作延伸，相當有科學思維（另有一說指出，菲律賓人會用 Hmmmm 的聲音長短來表示遠近）。

若是物體在後方，他們同樣不會轉頭，而是直接讓臉部全面失調，嘴唇狂妄地往後翻（也有人會把嘴唇收進嘴巴裡，代表物體在後方）。

量體溫祈福儀式

這是一個極常見的菲式肢體動作，而且獨特性非常高。

我第一次看到這動作是在公司的聖誕派對，員工們一一帶著孩子到我面前，再把我的手背貼上他們的額頭。

進行這個儀式的時候，通常會搭配說：「Mano po。」Mano 是西班牙語「手」的意思，Po 則是菲律賓語表示尊敬的意思，總和起來，就是一個年幼者對年長者表示敬意的動作。

量體溫祈福儀式通常會出現的場合，不外乎菲律賓小孩拜訪親戚或爺爺奶奶時該有的社交禮儀。相較於臺灣小朋友被強迫一直叫姑姑好、伯伯好，菲律賓小朋友只要去量個體溫就交差，輕鬆了點。

菲律賓挑眉大師

挑眉的使用社交情景大概是這樣——

我：「周末去完教堂後，想一起去跳霹靂舞嗎？」

菲律賓人：（挑眉）

我：「跳完後要不要一起去收驚呢？」

菲律賓人：（挑眉）

即便上述對話設計很怪異，但菲律賓人「挑眉」的含義就代表「肯定」，套句前陣子的流行語就是「Yes, I do!」而且真的只有肯定的意思喔，沒有搞笑或調情之類其他用途，就是很單純在說ＹＥＳ。

的確，我頭幾次看到這個肢體語言時有點無法抓準其中含意，因為他們通常只會挑眉，不會面帶微笑，往往讓人有點挑釁的錯覺。要是問的是些理應興奮的事，諸如周末好不好啊、想不想去下午茶啊之類的，往往會覺得這回應太過冷漠。請不要往心裡去，這就是菲律賓人表達ＹＥＳ的方式之一，屬於表情說不要，眉毛很誠實。

除此之外，挑眉也是菲律賓人打招呼的方式之一，比起外國人在那邊親臉頰親手背，這種打招呼方式省力多了呢。

菲律賓話罵人用語精選

蘇東坡說過，學習一門外語，得從髒話開始學起——希望蘇先生沒有什麼幾代孫告我毀謗名譽。

菲律賓人雖然大多數會講英文，但真正的官方語言其實是 Tagalog，中文稱為塔加路語，也有少數人稱為「大家樂」——有夠蠢的翻譯。Tagalog 的正確發音則是「打·嘎·囉」而非「塔·噶·囉」，因為菲律賓話的T都發D的音。

你可能會想，南漂你一介臺灣人，憑什麼教菲律賓話？

話說約莫兩年前，我們公司曾一度聘請菲語老師，嘗試讓臺籍幹部學講菲律賓話，但因為老師教學品質不佳，外加學生的積極度不夠，教學只維持不到半年就腰斬了。但我那段時間可說是前所未有的認真哪，試圖讓自己的菲律賓話突飛猛進。

不過，某天我卻突然感悟，若把這些時間拿來學英文，不是事半功倍嗎？自此之後就再也沒認真學菲律賓話了。另一個很重要的原因是我覺得菲律賓話不太優美，講起話來唧唧歪歪的，吵。

總而言之，那段時間的學習讓我對菲律賓話有了一定的基礎認識，本文內的每一句髒話都洽詢過血統純正的菲律賓人，絕對道地到不行，在臺灣隨便烙一句，肯定馬上被送去中壢火車站集合。

Putang ina mo

發音：普趟．以拿饃

意思：你娘是個婊子

「Putang ina mo」絕對是最道地又實用的菲律賓髒話，沒有之一，其普及程度大概就和「幹X娘」差不多，是個信手捻來便可靈活運用的實用型髒話。

「Putang」一字源於西班牙語的 Puta，意指婊子；「ina」表示母親，「mo」意指你的。整句話翻譯下來就是「你老母是個婊子」，和英語國家的流行髒話「Son of a bitch」可說是相互輝映、惺惺相惜。

世界各地的髒話總離不開母親這個主題，畢竟玻璃心的媽寶到處都是，拿別人母親大做文章，固然低級卻挺有效果。

這句話還有一個變異的用法，「Anak ng puta」。

「Anak」在菲語中是兒子的意思，「ng」是連接詞，「puta」就是前述的婊子。綜合起來就是「你是婊子的兒子」，算是將「你老母是婊子」換個角度來做陳述。

要補充的是，「Putang ina mo」這句話因為太順口、太好用，早已從純粹的髒話演化成一種語助詞或形容詞，可以用在任何句子的任何位置、用在任何情緒的任何時刻。無論是開心發現口袋裡還有兩百元，還是生氣自己臉上沾到過期奶油，無論哪一種情況都可以自由使用這句髒話。

隨意罵別人媽媽是婊子真的好嗎？別擔心，先總統蔣公說過，生命的意義是在創造宇宙繼起之生命，而且菲律賓總統杜先生同樣用得愛不釋手呢。

Gago ka

發音：咖鉤．咖

意思：你這個智障

「Gago ka」大概是僅次於「Putang ina mo」最常被使用的菲律賓髒話。

「Gago」意指愚蠢、低能或瘋狂，網路上有一說源於葡萄牙文的口吃者，不過我問了幾個菲律賓人都沒人知道。「Ka」在菲語中則是「你」的意思。

發音上要注意是，「咖鉤」不是「嘎鉤」，菲語的G都發K的音。

若講求正式文法，要罵女性時應該將「Gago」改成「Gaga」，不過現今講求兩性平權，加上罵人時通常不用太在乎文法細節，只要流暢與真情流露即可。

使用時機？當你身邊有人連蔡依林和蔡萬霖都分不清楚，就可以對他說「Gago ka!」或是你的心上人表現得很混蛋，也可以嬌羞地追著他喊「Gago! Gago! Gago! Gago!」混蛋~混蛋~混蛋！

Buwisit

發音：補 WEE 席特；差不多就是你叫狗狗坐下時說的「boy sit」發音

意思：煩死了

同樣是極度普遍使用的髒話之一（或許不是很髒），主要用來表示厭煩。

我在網路上查到，「Buwisit」源於福建語的「無衣食」，意思是沒有衣服也沒有食物，代表運氣很差的意思。但我問了好幾個菲律賓人，似乎沒半個人聽過這典故，或許就和在臺灣問別人「操你老母」的來源，也不會有人知道一樣吧。

在使用上，原本用法是表示運氣差，但現在已延伸到各種煩人的情境。比如排在你前面的菲律賓人一直用手肘撞到你、有菜渣卡在臼齒很難觸及的地方，都可以靈活使用這句單詞。

相較於前述那些激情四射的髒話，「Buwisit」是比較內斂的選擇，適合個性比較慢熱的朋友。

Ulol Ka

發音：五肉・咖

意思：你這瘋子

這個經常被使用的菲律賓單字主要是在罵人是個瘋子。

「Ulol Ka」最早先的意思是得到狂犬病的街犬。和臺灣一樣，狗明明可愛得要命，卻常常淪為罵人的附加詞，單身狗、馬子狗、遲到狗等，而在菲律賓，這句話則延伸成了罵人有病的瘋子。

除了拿來罵人是瘋子，這句話也能用來罵人笨蛋和混蛋。反正罵人的話就是這樣，原本字詞的解釋根本不是重點，用的時機與語氣才是讓對方感受到你情緒的重要關鍵，就像「幹X娘」有時也可以罵得含情脈脈，讓人心花怒放。

使用時機應該不用我多加著墨了，連這都不會用，只能說你太不懂得語言的藝術。

Hudas ka

發音：嗚打嘶．咖

意思：你這個叛徒

「Hudas Ka」這句和前面幾句實用髒話不太一樣，屬於較冷門的菲律賓罵人用語，通常會用到的人代表他已經非常非常生氣，適用於比較嚴肅的場合，不是那種隨隨便便「他馬的」一下的髒話類型。

「Hudas」源於《聖經》裡的猶大。我和猶大不是太熟，但略有耳聞他是叛徒界霸主。對狂熱的菲律賓信徒來說，猶大就是全世界最可恨的人，所以用他來罵人非常貼切。

使用時機嘛，當身邊最麻吉的人卻用了最惡劣的方式背叛你，這時候就可以豪邁地使用這句話。至於要不要另外搭配馬景濤的肢體語言，則看個人平常的生理習慣，還有當下的社交情境適不適合如此應用。

若還是不清楚，只要想想當年賭神中南哥脫口而出「高義，你他媽雜碎」的心情，大概就能體悟這句話的使用時機了。

相信各位熱愛學習新語言的朋友們，讀完這一篇圓潤飽滿的菲律賓話髒話大全教學文後，必定收穫滿滿面帶微笑。請好好記住每個髒話的使用時機，你也能和杜特帝一樣風度翩翩喔。

實用的菲律賓話日常用語教學

有鑑於上一篇都是教髒話，要是大家平常溫文儒雅又沒欠債結仇，使用機會實在太少，怕有人為了練習硬和吉普尼對撞，賠了夫人又折兵，實在不划算，這一篇我決定Take to Next Level，完全聚焦在日常用語上，旨在讓大家每天都能靈活運用，擺脫上一篇實用性不足的缺點，讓菲律賓人不仔細看還以為你是自己人。無論各位想和菲律賓的警衛伯伯打招呼，還是想和菲律賓女傭來個巴黎鐵塔花式調情，讀完這篇教學文章肯定都不成問題。

OO／O po

發音：歐歐／歐坡

意思：嘿對、是的、沒錯沒錯

「OO」是但凡人類都學得會的菲律賓話，可以當成是中文的「喔喔」，因為意思也差不多。這句無敵實用的入門用語等同於中文的「是」，可運用時機簡直無所不在，信手捻來就能OO一波。

舉例來說，假設菲律賓人說：「請問一下，你下禮拜三的時候還會是處男嗎？」你就可以回答：「OO。」並搭配上肯定的表情，更顯自信。

「你大便完習慣沖水嗎？」「OO。」

「溜冰鞋少一個輪子的時候你還會繼續溜嗎？」「OO。」

差不多就是這樣運用的。反正想回答諸如是的、恩恩、沒錯喔、對的，這類有的沒的肯定句時，都可以用「OO」這句菲律賓話來讓菲律賓人心花怒放。

至於另一句和大陸Oppo手機發音相同的「O po」，後面加個po是什麼玩意呢？

其實，po在菲律賓話裡代表尊敬的意思，所以講再見、謝謝、保重時，後面加上po會顯得你很有禮貌，而且一聽就是菲律賓老司機，足以讓菲律賓人從心花怒放到心花爆炸。

Maganda

發音：馬甘打

意思：美好的、美麗的

如果你一句菲律賓話都不會，這個字可能是最需要記起來的。

新手學語言的訣竅就是盡量學一些早安、午安、晚安，而「Maganda」差不多等於英文中的「Good」，只要加入正確的後綴詞，就能成功向賣早餐的性感阿姨說早安了。

以下是早安到晚安的正確用法與發音：

早安：Magandang Umaga（馬甘打．五媽尬）

午安：Magandang Hapon（馬甘打．哈蹦）

晚安：Magandang Gabi（馬甘打．咖閉）

如果你看得很認真，會發現 Maganda 在說早安時變成 Magandang，後面的 ng 其實就是菲律賓文的連接詞，通常是用來連接形容詞和名詞。它除了字面上看起來不一樣，唸起來也不太一樣，不過這太過高端，咱們觀光客不用管那麼深入的事，直接說 magada umaga 也沒人會糾正你。

Kumusta

發音：枯ㄇㄨ斯塔

意思：你好嗎？

「How are you?」「I'm fine, thank you, and you?」

大概是全臺灣小朋友第一句學的英文，現在你可以學到這句話的菲律賓文版了，也就是「Kumusta po kayo?」「Mabuti, salamat. Ikaw?」

我知道，資訊已經超載了，且讓我緩步解析。

第一個「Kumusta」是「你好嗎」，但如果要更完整些，就得加入 po 表示禮貌和 kayo 去指對方。

回應時先說的「mabuti」就是英文的 fine，「salamat」是謝謝，「ikaw」則是反問對方「你呢？」。

可能會有人想問，怎麼 kayo 是你，ikaw 也是你，到底要怎麼分？（其實還有一個 ka 也是指你）但老實和你說，這已經超過我的知識範圍了，請自己去問菲律賓人或谷哥，我好像問過，但已經不記得答案是什麼惹。

反正重點是「Kumusta」雖然是「你好嗎」的意思，但完全可以用來打招呼，當成「你好」使用。也就是說，你大可逢人就說「Kumusta」，說完就閃，明明是問你好嗎，但完全沒要關心對方好不好的意思。

Salamat／Salamat po

發音：薩拉蠻／薩拉蠻 波

意思：謝謝

謝謝可說是實用性最高的一句話，一天說個一百次都不稀奇。

但正所謂禮多人不怪，太多就很怪，謝謝已經夠客氣了，再加上敬詞 Po，根本讓你直接升級成禮貌界中的霸主，只比李茂山矮一個山頭。

學會了「Salamat po」之後，肯定能讓你打遍天下無敵手，無論是百貨公司的可愛櫃姐還是賣水果的風騷阿姨，全都會因為你這句標準的謝謝而傾倒，直接買一粒送兩粒也在所不惜。

Masarap

發音：馬撒辣

意思：美味

這句話用到的機會可能比較低，除非你是擅長隱藏真實感受的人，因為它的意思是「真是美味啊～～」。

想當然爾，在菲律賓有這種心情的時刻實在不多，通常都在情非得已的狀況之下才會說。像是菲律賓人問你他準備的晚餐好不好吃時，如果不泯滅良心回答「Masarap」，怎麼對得起列祖列宗傳承給我們的溫良恭儉讓。

不管你吃到什麼奇形怪狀口味怪異的東西，只要菲律賓人好心提問，擠出一個笑容回答「Masarap」就好了，絕對讓人感受到滿滿熱情，Taiwan NO.1。

就算不情不願，也要顧及場面，這就是成長的滋味。酸酸甜甜好滋味，Masarap～～

菲律賓的醜陋與哀愁：生活缺點大揭露

這一篇要寫一些在菲律賓生活中令人發怒的事情。認識我的人都知道，我是個溫和的儒士，平常都打躬作揖文質彬彬，但在菲律賓的某些時刻卻真的是讓我超級不爽，內心怒火完全不可抑制，雖然沒用沖天炮直接朝他們臉上射去，番仔火早已握緊。

首先是超出Google Map理解範疇的賓式塞車。

前些日子和臺灣的朋友抱怨馬尼拉很會塞車時，有人回應：「哎，別抱怨啦，臺灣也很會塞車啊！」

我雖然微笑加點頭稱是，其實內心白眼已經後空翻三圈半，直想把對方抓來後肩摔外加電光毒龍鑽。完全搞不清楚狀況嘛，拿臺北的塞車和馬尼拉相比？這已經不只是懶覺比雞腿，而是微精塑奈米屌比巨型象腿了。不要老覺得臺灣是鬼島，沒看過真正的地獄就給我安靜一點。

雖然完全理解臺灣朋友的想法，畢竟很多事情沒有親身體驗，很難以同理甚至想像。但馬尼拉的塞車有多麼喪盡天良，塞到讓人失去生存意志，就容我來為大家傳道一下。

有用過 Google Map 的朋友肯定知道，當你設定完目的地之後，它會綜合路程距離與塞車狀況，給你一條最「快」的路徑，並給予你預計到達所需「花費的時間」。但在菲律賓，Google Map 常常踢到鐵板，我遇過原本預測一個半小時會到的路線卻整整開了四個小時。這真的不是 Google 的錯，它每次都能準確預料哪裡會塞車，然而菲式塞車已經超過了人工智慧所能理解的範疇。

很多時候你會發現，那已經不只是塞車，根本進化到停車了。而且馬尼拉的道路設計常讓人沒有換道逃離的選擇，只能拚了命往死裡塞。進退不得間，我常常枯坐駕駛座朝著上天怒吼：「為什麼？為什麼我要開車出門吃晚飯，好好待在家裡不就沒事了嗎？」——希望如此生動的怒吼，能讓你深刻體會菲律賓的塞車多麼讓人絕望。

我相信此類塞車慘痛經驗只要在菲律賓住過的朋友肯定不會比我少，累積起來大概比《資治通鑑》還長，完全就是罄竹難書的程度。

第二個是比王子公主還要天長地久的結帳速度。

購物本來是件挺紓壓的活動，但到了菲律賓，購物卻可能變成壓力來源，因為這裡的結帳速度實在慢到了天理難容。

我遇過最誇張的情況發生在菲律賓的好市多S&R，明明前面只有一位婦人在結帳，還是硬生生等了將近二十分鐘！當時的我不過想買一瓶果汁罷了，這能不翻白眼嗎？沒揮拳已經很夠意思了。

沒經歷過這一切的你讀到這裡可能覺得我修養太差，但真的不是，我自信比八十%以上的人類還有耐性，但我想連坐懷不亂的柳下惠若在菲律賓結帳，肯定也忍不住拿出烏茲衝鋒槍瘋狂掃射，因為真的

菲律賓機場也是成天大排長龍，看到就想哭

很難理解到底為・什・麼・可以這麼慢？

更讓人無法明白的是，明明排隊人潮已經達到人形蜈蚣第一百零三集，店員還是依然故我地保持著自己優雅的節奏，彷彿眼前一切只是朵浮雲。

而如此深具禪意的結帳速度，已經惹惱了成千上萬的臺灣人，每每和在菲臺胞聊起這點總能同仇敵愾，激起強烈民族意識，比當年對日抗戰還團結。大夥有志一同，恨不得把那些慢條斯理毛手毛腳的菲律賓結帳店員統統捉來用天殘腳教訓一番。

經過長期觀察，我發現慢的原因有兩個。

第一是他們很常在結帳時離開工作崗

Jollibee 點餐永遠那麼慢

位。反正總有別的事情可以打斷他們好好結帳的流程，不是零錢不夠，就是機臺又出了問題，這種原屬於結帳會碰到的「特殊案例」在菲律賓幾乎天天上演，每次結帳總能遇到。

第二是漫不經心的態度，簡單來說就是打從心底沒有想要加快速度。反正結一萬個人和結一個人都領同樣時薪，何苦加快動作，還不如拖拖拉拉，再和其他結帳員閒話家常一下，這才是慢活人生。

總之，事先備妥可以在結帳時打發時間的玩意兒，將大大降低你在菲律賓展露低EQ的機率。我就習慣隨身帶著金剛經，通常結一次帳就看完整本了呢，是不是很棒。

第三件叫人發怒的是穿著警察制服的流氓。

我不算膽小，除了蟑螂、蜘蛛、毛毛蟲外，很少害怕什麼東西。但在馬尼拉街頭，有一樣東西總讓我魂飛魄散，遠遠看見就不自覺寒毛站立，渾身發抖。

記得之前發表一篇提及菲律賓治安的文章時，有位讀者留言：「菲律賓最危險的東西，就是警察啊。」那當下我恨不得臉書有一百個讚可以按，可惜沒有，只好滑鼠點特別用力。

真是說得太對了，菲律賓最可怕的一樣東西就是警察。

可怕？警察不是人民保姆嗎？不不不，馬尼拉的警察是那種會偷尻嬰兒順便餵毒奶粉的可惡保姆，最強大的功能就是黑你的錢。

必須先坦誠的是，每次被黑錢，我的確都在某種程度上違規了，畢竟在馬尼拉這種混沌的交通狀態下，若完全照著交通規則走，到目的地時，張無忌都到大都泡澡了。但我也可以打包票，馬尼拉的警察逮住你並不是為了改善交通，單純就是要黑你的錢，像我們這種「外國人」被逮住時，他們更是見獵心喜，準備大撈一票。

且讓我經驗分享一下。

每次被攔下來時，警察們總面色凝重，述說你犯的錯是項滔天大罪，不但要繳高額罰金，還得去某機關上兩三天的交通研習營才能取回駕照。種種前戲，為的都是引導你花錢消災，讓你當下就把錢交到他手上，大家私下了結，你升職，他加薪，大家開香檳。總之警察會盡可能把情況說得相當嚴重，讓你產生「得花多點錢來擺平」的錯覺。

根據自身經驗，大約三百到五百披索的黑錢就能解決大部分問題（最近似乎有點通貨膨脹，警察開始愈要愈多）。也要牢記千萬別把事情鬧大，當你讓參與的警察人數增加，分錢的人就會成正比增加。

另外，警察們永遠不會「口頭答應」你要收黑錢這件事，就算已經達成協議，他也不會向你收錢，你一定要採取主動，把錢低調地塞給他，直到他把駕照還給你，這才算交易成功。

雖然不想教大家這種走偏門的訣竅，但馬尼拉的警察真的讓人賭爛！若在路上遇到，能閃多遠就閃多遠，把他們當成你的恐怖前女（男）友就對了。啊還有，千萬不要對他們扔豆花喔，有人扔過了，下場你是知道的。*

第四件則是甜到螞蟻都蛀牙的菲律賓之甜。

連吃甜食都發怒？你開始懷疑菲律賓是不是根本超棒，純粹是我個性太差？且慢，先拋下你的成見，讓我娓娓道來，你就知道菲律賓之甜到底多恐怖。

舉個簡單的例子，每次餐廳附上免費紅茶時，我都會再要一壺冰開水，因為那杯免費紅茶大概可以稀釋成三杯，而且稀釋過後大概還有半糖。若你沒經驗，直接一口生吞那杯原始紅茶，鐵定會被龍捲風般的糖粉風暴給攻擊到不支倒地。

不止飲料，菲律賓之甜還衍生到各種食物上。有些明明一臉看來鹹鹹的肉，吃起來常常是甜的，再不然就是看起來已經很甜的蛋糕，一吃才發現，原來你字典裡的甜，根本不足以理解菲律賓之甜。

我見過不少自詡螞蟻的臺灣同胞們，來菲律賓後驚覺自己根本是隻口味超清淡的螞蟻，或許在菲律賓人眼中連被稱為螞蟻都不夠格，乖乖做你的一般昆蟲去。

最後一件則是毛超多的計程車司機。

幾次出差下來，由於在市區內的移動幾乎全仰賴計程車，與他們大量近距離接觸，也就好好見識了他們的荒唐行徑。計程車司機之所以惹怒人完全是採用多點攻勢，剛開始可能只是小小不爽，一路上卻持續發動攻勢，不禁讓人懷疑他們是不是沒被生理期來的女友打過。

多點攻勢首一擊是老愛胡亂開價。菲律賓人說謊的功力比小木偶皮諾丘厲害好幾倍，說了鼻子都會縮短，他們能一邊和你稱兄道弟，一邊用兩倍的價錢載你去機場，只要你長得一副無知觀光客樣，他們肯定胡亂開價。請他跳錶？當然比直接開價好很多，但他就會開始在路線上打馬虎眼。我遇過開到一半去加油的、換輪胎的，身為乘客只能待在車上看著錶慢慢跳，一點辦法也沒有。

第二擊最讓我狂翻白眼，因為他們常常是路痴！有沒有搞錯？明明是當地人還是計程車司機，怎麼這麼不熟悉城市路線。而且不知道目的地就算了，每次我開 Google Map 給他們看地圖，十個有八個看不出個所以然，再加上他們又很愛裝懂，有時候沒搞懂路線就催油門，等我看導航發現完全走錯時，又要再向他們講解一次。通常到最後就變成我直接報路給他們，完全浪費生命！

坐計程車，不就貪圖花個小錢放空休息嗎？怎麼愈坐愈累，而且在菲律賓開導航，手機電量耗超快（網路太爛），搞得我常常手機沒電，一點自尊也沒有。

最後一擊是死不找零。我想搭過菲律賓計程車的人一定都經歷過，他們不是不找你錢，而是沒準備零錢的習慣。所以抵達目的地後如果要找很多錢，他們常常掏個老半天，腸子都掏出來了還是沒有零錢給你，得下車去和其他人換錢，更狠一點的司機甚至要你自己去換，實在很殺風景，搭個計程車比辦婚宴還勞心傷神。

好了，五件在菲律賓生活最容易引人發怒的事情報告完畢。喔對了，搭計程車會遇到的煩人事，只要改搭 Grab 幾乎都可以閃掉唷。

＊【來自讀者的平衡報導】

警察也有很棒的！許多來此工作的華人對於 PNP、NBI、BI、Baragay、MAPA、MAPSA、MMDA、PSD、Security、Ayala Security 等，通常會誤以為所有穿著制服的種種不同執法單位都是警察。

其實大多數人在路上或遇上的爛事，經過實際調查其實「大部分」都不是警察所為。大多數人都錯誤的直覺說是警察所為，小弟數年來在菲所遇的七七八八之事皆非警察所為。

南漂：這位讀者長期協助PNP處理華人事務，見到許多PNP雪中送炭，雨中送路，見到PNP秉公處理華人被詐欺案、房仲糾紛、人妖假告性侵、擄人綁架、當地執法者勒索華人，甚至不收費用，積極協助華人在海外身亡案件。

只見他們將心比心讓亡者家屬能縮短冗長的處理程序，盡快讓家屬與亡者能早日團圓，很多很多的善行與義行並未特意公布，相信受惠者亦不在少數，都感恩在心頭，只是不曾曝光報導。

我在菲律賓打籃球的兩三事（上）

籃球在我生命中一直占著不小的比重，而且並沒有因為到菲律賓之後就隨之下降，若真要認真計算，說不定比重還比我在臺灣時更高。雖然這個主題有點小眾，而一本專談菲律賓的書已經夠小眾了，再混個籃球簡直是小到用放大鏡看都有點吃力，但實在有不少內容好寫，不愛籃球的讀者請將就著點吧。

早在我還沒來時，對菲律賓籃球強大這事就已略知一二，畢竟國際賽事中，菲律賓國家隊常常是臺灣的對手，讓我有點期待能和當地人來點籃球上的國際交流，也耳聞工作處有個籃球場（很多菲律賓人的工作地點都有球場）。

工作處的籃球場大概下午五點左右便有球聚，球友則常常更換，有時是住在工廠的工人自己組隊打，有時候是上早班的工人下班後再回來打。反正不管誰打誰、誰愛誰，我只和他們說了一句「以後只要有球賽開打，我都想參一腳」，就這樣正式開啟了我在菲律賓的籃球生涯。

首先介紹場地。

不知道是不是全世界的工廠都這樣，但菲律賓工廠讓我有個奇妙的體驗——任何事情都能ＤＩＹ，不管冷氣、馬桶什麼東西壞了，工廠都能自己修，需要桌子、椅子還是茵茵美黛子，工廠都能自己釘。像籃球場這種小玩意，不意外就是自己ＤＩＹ，上至籃球框，下至球場地板，全程手工製作，完全不添加防腐劑。

球場地板說穿了就是灌灌水泥，只不過經過一番歲月洗鍊，現今的地板已如荷爾蒙旺盛的青少年臉龐般滿布坑洞，殘破不堪，運球常出現不規則彈跳，有些坑洞更是大到讓人避而遠之，形成進攻方的天然屏障。

籃板的話，由於是純手工自製的球框，彈性與籃板摩擦力都與過往經驗有些許不同，剛開始挺難適應。打籃球講究肌肉記憶，菲式籃框讓我平常感覺穩進的球，突然就被牛頓的運動定律開了個玩笑，以不常見的方式轉離了籃框，但無所謂，有時候不會進的球也就突然進了，肌肉完全失憶，需要重新建立記憶系統。

再來介紹特殊籃球規則。

我在菲律賓打球時幾乎都打全場，沒什麼機會打到三打三。這些規則我原先以為是我們工人自己發明的，但每次有新球員加入好像都不用特別講解，合理推測應該是菲律賓的「街頭籃球潛規則」。

基本規則是一場打十七分，一球一分，沒有三分球，任一隊得到八分就互換籃框攻擊。犯規制度的話，最特別的是沒有「犯規進算」這件事，只要你喊了犯規，球不管多麼神奇地進了，不算就是不算。也造就了每次快攻都要有被洪家鐵線拳加九陰白骨爪攻擊的心理準備，因為他們會用力犯到你喊救命，這樣才能成功把球停下來。

說到喊犯規，街頭籃球一向都是自由心證。在臺灣，防守者如果覺得自己犯規，時常會自行坦承；但在菲律賓，可能是沒有犯規進算的制度，所以防守者絕對不會自己喊犯規，只要你不喊，就算他已經打手打到你手骨折，你只要不喊，他就沒事。

再來，喊犯規本身是一件很主觀的事情，多少需要一點道德觀念來約束。不得不說，菲律賓人的臉皮比農夫的腳皮還厚，常常會有人喊一堆唯利是圖的犯規，舉凡切入掉球、搶籃板球被偷走這些自己的低級失誤，都用喊犯規來遮醜，完全不介意他人眼光。

據我猜想，可能是每場球都賭五百披索（有時甚至賭到七百五十披索）——輸的那隊一人得輸一百披索——價碼相對於他們的薪水（一天四百多披索）來講蠻龐大的，所以他們打起球來特別拚命。

我感覺菲律賓人可能早就習慣了這種亂喊犯規的情況，反正只要有人喊，如果不是特別關鍵的球，大家通常沒什麼意見。但這種規則配上菲律賓人的性格，對於臉皮薄的我實在很不利，常在心中吶喊：「哇靠，你剛那樣打我臉，我都沒喊你犯規，我才摸這麼區區一根毛，你居然喊犯規。」但沒辦法，只能自己承擔，每場球就在這樣的困境中求生存。

論及球風，相信平常有關注亞洲盃或瓊斯盃的讀者應該多少見識過菲律賓的籃球球風多麼快速且驃悍。街頭籃球也繼承了同樣的風格，菲律賓人非常熱愛打攻守轉換的快速反擊，只要一有機會就是快攻，雖然穩定性不是頂高，但真的很具威脅力，而且全場的人都會全力衝刺，一點都不像在臺灣公園打的悠哉全場。

他們的體能條件也很不錯，我在臺灣雖稱不上體能魔人，但非專業等級的比賽時總感覺自己的體能稍占優勢，但這樣的優勢在菲律賓消失了！不能說完全消失，但犯錯空間極速縮小，在空中亂拉桿肯定被搧鍋子，而且幾乎沒有二次籃板的機會，反應力、爆發力，全都不如他們。一旦遇到長籃板或爭搶球幾乎都居於弱勢，甚至常小看了他們的爆發力和彈性，傳球過低或過軟，進而被抄球。

菲律賓人打球當然也有缺點。他們打球實在超級沒有組織，很少用腦子，常犯一些愚蠢失誤，不然就是信心爆棚地亂射一通。倒是大家對於亂射的容忍度非常高，我看過一堆一看就不會投籃的菲律賓人，拿了球就是亂射，隊友好像也都挺認命的樣子；而且相較於亂射，他們反而比較會責怪沒有保護好籃板，或是防守站位不佳之類的。

最後，菲律賓人的球衣也蠻值得介紹一下。

他們常常穿著花色配置和NBA球隊一模一樣的球衣，但仔細一看便會發現上面繡著完全沒聽過的隊名，通常都是他們自己在村莊聯盟打比賽時揪團製作的。有些菲律賓人還會在背後繡上自己的名字或綽號，我就看過ICE MAN和Ace SHOOTER。

另外，在工廠打球時，大概有一半的人是穿夾腳拖鞋上場，但你幾乎感覺不出來，因為他們的速度和彈性好像都不會被拖累，只是偶爾得撿拖鞋或調整拖鞋，但依然繼續飛天遁地，實在令人由衷佩服。

總之，上述種種全新體驗都讓我熱愛和菲律賓人打球，雖然我和他們的節奏、防守站位、快攻走位等，都有截然不同的理解與認知，但打球就和談戀愛一樣，打多打久了，就會磨合出彼此的節奏，也會從彼此的差異中獲得成長。所以儘管每次和他們打完球都累得像連上四節數學課，我還是很期待每天能和他們一起狂奔的時刻。

我在菲律賓打籃球的兩三事（下）

關於菲律賓籃球這個主題，一篇的內容實在講不夠，只好分成上下篇。

尤其是看完中華隊與菲律賓隊的籃球賽後，那股想寫的衝動更是再度滋長；看見中華隊球員在場上被菲律賓人用各種小動作欺負，共鳴無限，整個文思泉湧，很想分享自己在球場上對決菲律賓人時的美麗與哀愁。

畢竟我在菲律賓工廠的球場打了五年多球，相比於我打過的其他菲律賓球場，工廠裡的球賽反而是最激烈的，在這樣的環境薰陶下，也讓我提煉出一些與菲律賓人籃球對決的心得。

首先，我的菲律賓球友大多是工廠裡的工人，平均年齡落在十九歲到二十五歲之間，正是血氣方剛的年輕小伙子。他們不像臺灣都市小孩成天宅在家打手遊，而是從小就在田鄉僻野間活蹦亂跳，雖然身材不算太好，但體能條件全在平均值以上，明明踩著夾腳拖，跑速與彈速硬是比你快，實在讓人懊惱。

體能因素外加菲律賓人基因中的血性後，讓他們的打球風格就像一群打了雞血的超級活屍，永無休止地在球場上打擾你。

是的，他們真的會不斷打擾你，就算只是一顆稀鬆平常的後場籃板球，你也絕不能放鬆，因為肯定會有人來偷雞一下。菜鳥時期和他們打球，一場下來不知道要被偷雞幾次。

這種偷雞臺灣其實也有，但臺灣人內心深處還蘊藏著儒家思想，「其爭也君子」，動手動腳頂多發乎情止乎禮，很少讓人不舒服。相比起來，菲律賓人的偷雞就很讓人不舒服，他們的打擾超具威脅性，完全沒有溫良恭儉讓的成分。雖然這種球風很煩人，但還是不得不佩服，畢竟在球場上能讓對手不舒服的行為，只要不是違例或犯規，都很值得欣賞。

街頭籃球嘛，沒有裁判本也理所當然，但和菲律賓人打球，沒有裁判實在太吃虧。像我臉皮薄不太愛喊犯規，一旦被菲律賓人發現這個習性，往往食髓知味、變本加厲，對你施加愈來愈多身體接觸。特別是到了球賽關鍵時刻，每一次切入都要有被千手觀音打手犯規的心理準備，偏偏又沒有犯規進算制度，讓他們的犯規毫無節制。

這樣的描述或許是一竿子打翻一船人，其實有些菲律賓人的球風沒那麼討人厭，稍微溫文儒雅些，比例大概是八比二，通常球技愈成熟的人，球風就不那麼野蠻。

簡單來說，那些看起來不太會打球的軟柿子，由於可怕的衝勁與拚勁，再加上天生體能條件使然，讓他們變得意外難纏。和菲律賓人打球，你會發現整個球場裡沒有半個人是能輕鬆應付的。

另一方面，對菲律賓人來說，打球要賭錢才來勁。

工廠籃球打一場比賽通常會賭五百披索，亦即一人一百披索賭資，將近他們一天三分之一的薪水，造成了沒人想輸的結果。

因為沒人想輸，打從分隊那一刻起競爭就已開始，每次分隊都要花上不少時間，各路人馬意見分歧，雖然我聽不太懂，但從肢體語言就看得出來，大夥都希望自己組的球隊更強勢。

我們都打一場球十七分，八分換場，沒有三分球，沒有罰球，扎扎實實的十七分。一般狀況是三戰兩勝，輸掉第一場的那隊，第二場還有機會扳回頹勢，而他們常常要求將賭資加碼到七百五十披索，這樣贏了球至少每個人還能賺五十披索（第一場輸一百，第二場贏一百五），然後第三場再趁勝追擊。

時常遇見的有趣現象是，第一場打完後，輸的那隊開始各種擺爛，像是抱怨沒水可以喝、有隊友要提早走、有隊友身體不舒服，或是連理由都懶得想，直接說不想打下一場。剛開始我往往信以為真，但經驗積累讓現在的我可以大膽告訴你，一切擺爛都是因為他們發現自己那隊根本打不贏。打不贏得多輸一百披索，但又不能輸掉面子承認自己打不贏，只好出此下策，各種擺爛。

某次我手感特別好，整路顏射菲律賓人的防守者，大幅度取下第一勝，正當我興奮迎接下一場時，敵隊的球員就開始意興闌珊，每個人喝水都慢得詩情畫意，有些人早坐在摩托車上準備落跑，好似根本沒要打第二場的樣子。但我實在很想打，就提議重新分隊，果然剛剛那些慵懶的身軀馬上又活蹦亂跳起來，繼續開始分隊的爭執。

不過話說回來，和菲律賓人打球常讓我心中冒出一股強烈的怒氣。怒氣的來源有兩點，第一當然是菲律賓人上下其手的防守干擾，以及各種不要臉，說謊就只為了爭球權的厚臉皮行為。第二則是來自對隊友的不滿，因為他們打球實在太沒條理，雖說武林中的最高境界就是無招勝有招，但菲律賓人球風實在太難以捉摸，對於閱讀比賽這件事，他們肯定是文盲，各種不合理出手、從不傳導、快攻怎麼跑都跑錯位置，就只知道追著球跑。

而且偏偏，就在一連串錯誤決策之後，他們偶爾又能詭異地把球投進，完全讓人哭笑不得。

我當然不想自己像個老球皮，好像打合理籃球才是對的，但像他們這樣胡亂打，把可以得分的球浪費掉，實在讓人洩氣，辛辛苦苦防住一球，結果又低能長傳失誤，除了搖頭嘆氣，真的無能為力。

寫了這麼多，好像都在批評菲律賓籃球又髒又低能又沒球品，的確就是這樣，我就是寫來出出氣的。但嫌貨才是買貨人，我真心喜歡和他們打籃球。很喜歡那種充滿競爭的感覺，心中冒出的那股怒氣更讓我想狠狠打爆他們，把他們擊潰，這是我在臺灣很少感受到的情緒。帶著這種意識上場，更能激發出籃球對抗的本質，讓他們知道臺灣人不是東亞病夫，我們也是能在骯髒球風下生存的！

來長灘島必做的三件事

其實我不太會寫旅遊文，之前造訪過長灘島後，這次因工作的關係再次登島。一來查訪島上的語言學校，二來看看歷經封島後重新開放的長灘島有沒有什麼不一樣。為了寫出深入淺出的介紹，我五天內換了四間旅館，吃了無數間餐廳，希望用肉身體驗帶來最真實的分享，以下就是我此回在長灘島印象深刻的事，無比濃縮之後，就是來長灘島必做的三件事了。

Puka Beach 看日落

大家一聽到長灘島都想到白沙灘（White beach），但我想提供給你人生另一個選擇：Puka beach。

老實說，白沙灘美到翻，是那種看一眼就會讓人哇哇亂叫的沙灘，更不用提它細緻又柔軟的白沙觸感，一踩上沙灘就直接絕頂升天，彷彿經歷一場足部SPA。而我想介紹的Puka beach位在長灘島很北端的海灘，無法像白沙灘一樣，穿個夾腳拖鞋散散步就走到，務必搭車前往。

我當天是從Fairway & Bluewater Hotel過去的，花了將近十五分鐘車程才抵達，除非你是鬼腳七的傳人，誠心建議搭車前往。Puka的意思是一種小型貝殼，相比白沙灘的沙，這裡的沙子沒有細到宛如泥巴，但同樣是可以直接光腳在上面奔跑的沙灘，不用擔心會踩到樂高。

原始自然的風貌是我想大力推薦Puka beach的主因。

若白沙灘是個濃妝豔抹的陷阱妹，那

長灘島的白沙灘隨便拍都美爆

Puka beach 就是個曖曖內含光的鄰家女孩。你不會看到菲律賓人在叫賣水上活動，沙灘上也不會有堆沙堡的小屁孩，更不會有一堆拿著自拍桿的中國大媽，霸道地擋住美景，這裡只有海浪聲與日落，簡單又極致的饗宴。

也許是重新開島的關係，這裡的人煙真的非常稀少，比禿頭富豪頭上的毛還少，也讓我覺得那天的日落彷彿一場ＶＩＰ秀。

不過，Puka beach 因為沒有觀光客，私人物品請不要亂擺，很可能被偷，也沒有人出租陽傘或海灘毛巾等沙灘必備物，若打算享受私人日落秀，裝備請務必準備齊全囉。

到 Mandala Spa & Villa 住幾晚

這次造訪長灘島住了好幾間不同的旅館，但唯有這間 Mandala Spa & Villa 是我覺得不推薦會愧對江東父老的好飯店。我住完隔天就想拿著大聲公在忠孝東路邊跑邊喊：「曼德拉飯店真的好棒！」

讚嘆前先說些缺點，飯店的位置其實不太方便，位於 Station 3 附近，不是在沙灘旁邊，附近沒有商家可以購物，也沒有游泳池、健身房或私人沙灘這種傳統好飯店的必備設施，卻同樣能讓人印象深刻。

從飯店入口就能感覺到曼德拉飯店對於旅客體驗的重視。當天我們搭著一輛三輪車，一進入飯店範圍，立馬就穿過了一段像愛麗絲夢遊時才會經過的小森林，兩旁都是樹蔭，隔絕了長灘島驚人的暑氣，讓人置身在一片夢幻叢林之中，彷彿你根本不在長灘島，而是被流放到了亞馬遜。那些空氣汙染、擁擠交通、雜亂人群，頓時消失在視線中。

Check in 時，飯店人員送上了超級清涼可口的飲料，在長灘島狂暴炙熱下，這杯冰涼飲料就像是來自上帝的救贖。

由於總共只有十二間客房，曼德拉飯店把每位賓客都當成超級貴賓看待，解說時的語氣與完整度都讓人感覺備受重視，好像全世界只有你一個客人，而無知的消費者如我們，花錢不就是求一個重視感嗎？這點完完全全俘虜了我的心。

服務人員會一直引領你進入房間，往房間的路上同樣是鳥語花香世外桃源，他們已經在房間裡撒滿了玫瑰花瓣，冷氣預開到剛好的溫度，並點上一支線香，就像你的小情人事先為你準備似的，我則覺得自己像個邦交國大使，處處接收驚喜。

我們當天住的房型因為叫做「排毒」房，所以沒有 Wifi 和電視，只有冥想墊、床鋪，淋浴間甚至在室外，很像在瀑布沖澡。反正這地方就是 Chill，鬆到一個極點，比新東陽肉鬆還要鬆，讓人想擺爛一整天不出門。

唯一的缺點大概就是室外蚊子有點多（房內沒有），而且因為住在森林裡，很可能會遇到一些奇奇怪怪的昆蟲，平常喜歡搜集冬蟲夏草的神農氏信徒，機會來惹～

陸海空超麻煩之旅

以為必做清單都是爽爽的事嗎？哼，這裡有個你不想做也得做的長灘島必做清單——搭交通工具前往長灘島的顛簸路程。

雖然現在號稱有直飛長灘島的航班，但長灘島那麼一塊綠豆糕大小的地方，哪有空間蓋機場，所以都是飛到隔壁的大島上，再想辦法過去。若從臺灣直飛，一定會飛到遙遠的 Kalibo 機場，搭一到兩小時的車後再換螃蟹船，最後再搭三輪車或電動車才能抵達你入住的飯店，整段路程通常會耗掉大半天，回程也是。

光聽就不太想去？古有云「不經一番寒徹骨，焉得梅花撲鼻香」，沒有那些山窮水盡，哪來的柳暗花明？我之所以特別寫進必做清單，就是希望大家轉換心態，體驗一下一路上的「擾人」。如果你是第一次到菲律賓，肯定會被落後的街景震懾，然後被糟糕的效率打壞心情，經過這些之後，當你看到潔白無瑕的沙灘與小叮噹調色盤都調不出的萬彩晚霞，才會更加珍惜；忍不住吟詩作對，用俳句讚嘆長灘島真的好美。

我也強列建議事先上網買 Klook 的接機行程，雖然可能比現場買貴些，但羊毛真的出在羊身上，如果沒事先買好，你很可能會經歷更加艱困的路途。

比如說，你坐的車可能比別人破三倍，別家的車只是嘰嘰歪歪叫，你的已經發出哈咩哈咩哈這種悟空式怪聲音，到時候要是車壞在路邊，你叫破喉嚨，平偉也不會理你。船也會從快艇變成搖搖欲墜的螃蟹船，反正就是一個全面降級的概念。

如果你就是抱著先苦後甘的心情，那我尊重你，直接現場買吧，體驗一下難民遣送的心情，增進自己惻隱之心的能力值。反正不管怎麼樣，整個移送的過程都是長灘島的必做清單之一，你想不做都不行。

其實在長灘島還有很多值得做的事，但那種和其他部落客重複性很高的事我就不提了。上述這幾件事都是經過深思熟慮留下來的精華，要是再訪長灘島，我不想做李白，我想再去曼德拉飯店住幾晚，去 Puka beach 好好消磨一整個下午。

PART 7

菲律賓不思議

選舉文化亂談

一扯到政治議題，不免有人要求正經八百，不然就準備劍拔弩張，但我對認真的政治議題沒太多興趣，只想聚焦介紹菲律賓特殊的選舉文化，畢竟選舉能選到把競爭對手幹掉（物理上）還是照樣當選的國家，應該不太多。

雖然菲律賓的民主制度行之有年，但人民對於「民主」其實相當不滿。正確點說，菲律賓人對於民主制度非常滿意（相較於獨裁），但對於自己國家民主制度的「施行」非常不滿，無論大小官吏統統把持在少數精英家族手中，看似擁有選票的民眾並沒有實際能力制衡那些長期把持權力與金錢的政客。

舉例來說，我所在地的市長已經連續當了九年三屆的任期（二〇一〇～二〇一八年），由於最多當三屆，下屆無法再次參選，於是她就改選副市長，茅坑占定。更加荒謬的是，這次的市長參選人居然是曾於二〇〇一到二〇一〇年連任三屆的前市長（據說和現任市長有特殊性關係）。

我問菲律賓同事沒有其他競爭者嗎？他笑著搖搖頭，說根本不知道另一個參選人是誰；沒意外的話，這長久的「民主世襲制」還會繼續下去。

除了「民主世襲制」，選舉在菲律賓可是件你死我活的事。

人家常說當政治人物背景要夠硬，在菲律賓不止家世背景要硬，防彈衣最好也硬一點。光是二〇一八年五月的地方選舉，半個月內就發生了二十六起和選舉有關的凶殺案，總共造成二十人死亡，其中包括十二名現任地方官員、兩名候選人、六位平民。雖然無直接證據顯示是對手陣營的槍手，但在菲律賓，這是你知我知獨眼龍也知道的事。

剛抵菲律賓時，我多次聽聞有參選人找槍手幹掉對手的事件，根據二〇一六年的新聞報導，當年有二十則槍殺案和國家選舉有直接關聯。臺灣選舉靠抹黑、抹黃、抹紅實在太沒效率了，菲律賓候選人信奉槍桿子出政權，扁哥出手還得精密計算彈道，他們直接一槍就把對手斃掉。

菲律賓選舉中的暴力事件已經算是某種不成文的「傳統」，候選人擁有自己的小型軍隊與保鏢也是常見的現象，之前更發生把對方陣營完全滅團的屠殺事件（二〇〇九年馬吉丹奧省）。

你或許會問，難道都沒有王法嗎？很抱歉，有權力的人才有資格講王法；當這些惡霸掌權之後，暴力根本無人敢管。

上述屠殺事件發生後，儘管參選人（安帕端）與其陣營的人因為中央勢力介入皆被拘捕，卻因地方法院完全沒人敢經手調查，最後只好不了了之，「重案嫌疑犯」也順利當選了下一屆市長。可想而知，如此風聲鶴唳的選舉風格樹立了鮮明形象，未來再也沒人敢參選了，讓他們更加成為一方之霸。畢竟誰想選個市長就被抄九族，雖說富貴險中求，但這風險實在太大了。

接著談談賄選。

在菲律賓，賄選就是選舉的一部分。

我問菲籍同事：「在菲律賓選市長要有什麼資格？」

「錢啊，如果你沒錢的話，還是打消這個念頭，快點回火星吧。」他說菲律賓的選舉總歸起來就是一個字，錢。

在菲律賓，選舉就像是一種投資，先大撒幣獲得職位之後，接下來就看ROI（return on investment），能撈就撈的時刻，政府官員們通常不會手軟。

我們公司每年都會收到一個空的信封袋，地方政府會用各種名義要你「捐款」，通常上頭還會明列建議金額，說穿了就是斯文人要保護費的手段，要是膽敢不捐，就準備好接受各種稽核吧，到時更加得不償失。正所謂強龍不壓地頭蛇，遇到這種事，隨便找個器官捏著，快點把錢捐一捐了事。

菲籍同事補充，每到選舉就會有人來家中敲門，市長的價碼通常是一個人頭一千披索，如果你家是大家族或地方上的意見領袖，價碼可能會隨之上揚。如果是省長級的賄選，也不是收了錢開心就好，一定要確定自己投給「發錢」給你的候選人，曾有人收了錢不辦事，投給另一個候選人，過幾天後就「被自殺」躺在路邊了。

哎唷，菲律賓的選舉真是人命關天。

最後來談一談美感。雖說臺灣候選人的競選海報也沒有好看到哪去，但菲律賓的競選海報實在難以入目，美感欠佳，而且我最最想抱怨的其實是他們貼海報的方式，著實讓人不敢苟同——一整面牆全部貼同一張競選海報，瘋狂複製貼上，完全就是使盡洪荒之力式的貼法，絲毫不給人喘息空間。

吃一個便當不會飽，不會吃兩個嗎？貼一張海報不夠吸引人？那就貼二十張！而且一定要貼完全一模一樣的海報二十張，才能起到加強印象的效果，要是公布選舉經費細項，會發現有一半的錢都花在大圖輸出了。

有時他們不只貼在牆上，而是拉一條S型的線貫穿街道，再像晒衣服一樣掛上一整排競選海報。隨著秋風擺盪時，猛一看不小心以為是日本神社的祈福籤詩，其實都是醜得要死的競選海報。

讀到這裡，是否覺得菲律賓的選舉比臺灣更加驚心動魄呢？看政客們不只打嘴砲還比槍砲，實在是一幅淒美的景象。柯P阿伯說，政治是要落實在人民生活的每一天，我想菲律賓人民肯定不希望這些狗屁倒灶出現在生活當中，畢竟大家都是讀書人，受過高等教育，打打殺殺的事情，還是找別人吧。

杜特帝總統狂語錄

雖然菲律賓人的選舉文化和臺灣截然不同，政治人物在世界各地卻是殊途同歸，天下烏鴉一般吵，要是不懂打打嘴砲、攻占版面，除非打算被人民遺忘，不然默默做事不過是打高空的神話，在政壇絕對混不下去。媒體界有句行話說，任何曝光都是好曝光，即便你因為愚蠢登上版面，都比沒人鳥你更具效果。

出家人不打誑語，菲律賓總統杜特帝卻以狂語著稱，可說一天一小狂，三天一大狂，十天還開個狂語論壇，狂到大家都習慣了就見怪不怪，只要沒戳到某些極端議題，大家吵個幾天也就算了，人民是很健忘的。

雖然會惹毛很多菲律賓人，但以脫口秀的角度來看，杜特帝的經典語錄其實挺有喜劇價值，接下來請容我一句句分享與剖析給大家聽。

"I wanted to call him: 'Pope, son of a whore, go home. Do not visit us again.'"

「我想告訴教宗：『方濟各你這婊子，給我滾回家，不要再來菲律賓了。』」

這是二〇一五年一月方濟各教宗造訪菲律賓時，杜特帝受訪說的話。簡直狂到爆表，在螢幕前罵婊子就算了，罵的還是教宗，根本打算與全世界宗教人士為敵。

你可能會想，教宗是不是偷摸他屁股，不然幹嘛叫人家滾蛋？

如果當時你身處菲律賓，可能會理解杜特帝為何這麼說。

基本上，菲律賓是個天主教極其盛行的國家，教宗造訪就和搖滾巨星巡迴演出一樣，比妙禪更加萬人空巷，陷入全民瘋教宗的盛況。若我沒記錯，那時候甚至放了假，到處都在販售教宗紀念物，就為了恭迎聖教宗的到來。

你想想，馬尼拉脆弱的交通稍微有點風吹草動就會崩壞，這次來了個颶風級人物，馬路還有不塞的道理嗎？

杜特帝正因交通問題沒處理好，飽受人民和媒體砲轟，理智線斷掉，說出了上述狂言。不但叫人家滾回家，還直呼教宗婊子，在信眾眼中根本是大逆不道，要綁在木頭上燒死的，而杜特帝最終也道了歉。

其實教宗來不來，菲律賓的交通問題都很慘，但教宗來大概就像在熊熊大火上頭繼續倒入好幾罐汽油。我當時也是受害者之一，原本預計飛去別的島嶼探勘，菲律賓政府卻突然下令，教宗飛機起落的前後五小時，所有飛機一律禁飛，以免發生意外，實在是矯枉過正到極點。公布令發布得非常臨時，我人都已經坐上飛機還睡了半小時之後，才因為禁飛又走下來，第一次遇到這種瞎事，所以聽到阿杜總統這麼說時還蠻欣慰的。但可以不用加婊子啦，我沒看過這種造型的婊子。

"Hitler massacred three million Jews. Now, there is three million drug addicts. I'd be happy to slaughter them."

「希特勒屠殺了三百萬名猶太人，菲律賓現在至少也有將近三百萬名吸毒犯，我很樂於屠殺他們。」

要知道，希特勒在西方世界簡直就像佛地魔，不能隨便提到，拿希特勒開玩笑或拿大屠殺、集中營這些悲劇來說事，不管你立意為何，肯定都會被媒體和正義之士打成沒有同理心的王八蛋。

杜特帝卻犯了這個大忌，在二〇一六年九月宣布「毒品戰」，意味著他將不惜粉身碎骨地消除菲律賓所有販毒者和吸毒者，不止大規模掃毒，甚至下達了吸毒者格殺勿論的政令。

據統計到二〇一九年一月為止，已有五千多人因為毒品而被殺害。但吸毒人口真的因此變少嗎？我並不太看好，畢竟以歷史的角度來看，這種嚴刑峻罰、治標不治本的方式，從來都不曾把社會帶到更好的地方。

“If you are corrupt, I will fetch you using a helicopter to Manila and I will throw you out. I have done this before. Why would I not do it again?”

「如果你貪汙，我會抓住你，帶你搭直升機，並在馬尼拉上空把你扔下去。以為我不敢嗎？那你錯得離譜，我以前就做過一次了。」

除了打毒，杜特帝也致力於打貪，而且用的也是同一套方法——恐懼。

上述這段他在二〇一六年十二月時說的話並不是吹牛，他甚至坦承自己在早年政治生涯中，曾把一名華人性侵殺人犯從直升機上扔下去。

由此可見，要是你老是說一些浮誇的事情，人們也就習慣了，根本懶得計較是不是真的，反正也過了法律追訴期，就讓那個性侵殺人犯再飛一會兒吧。

"Give me salt and vinegar and I'll eat his liver."

「給我一些鹽和醋，我會吃掉他的肝。」

這是二〇一七年杜特帝在某場國內運動會中公開演講的言論。當時他「威脅」的對象是穆斯林恐怖分子，只不過相較於一般的官腔——絕對不會向恐怖分子妥協，杜特帝用了一個相當活靈活現的形容，不僅生吞活剝，還特別講究，連佐料都搭配好了。

有些都市傳說盛傳，杜特帝真的吃人肉，就和據傳顏清標老愛把人做成消波塊一樣。關於這種事，我們還是不要太追究比較好，以免追到後來自己變成了消波塊，整天聽海哭的聲音。

我覺得罵政治人物是現代人很重要的紓壓管道，因為討論政治人物可以讓人逃脫現實，反正罵這些人對你我的真實生活幾乎不會掀起波瀾，罵對了還會有無數人為你鼓掌叫好——感謝某些臺灣政治人物的存在，讓遙遠的政治能夠真正落實在人民生活的每一天裡。

杜特帝大概也是這樣的存在吧。在他藐視人權的統治下，菲律賓會走向哪裡我不太清楚，但很確定只要他繼續口出狂言狂語，就能為無趣的新聞版面多增添幾天的高潮。

菲律賓的怪異法律

每個國家絕對都有一些很獵奇的法條，畢竟條文是人編寫的，而什麼事只要一牽扯到人，就絕對有可能發生智障的情況，何況還是很久以前的人。很多事情以前看起來沒問題，今日都變得很智障。

大多數法律條文會與時俱進，不適合的就會被淘汰，這篇要講的這幾條菲律賓法條卻是完全跟不上時代的老古板，超不合時宜，也因此有了特地撰文的價值。

寡婦請乖乖守寡

大家都知道在菲律賓不能離婚，但要是可惡的老公死了呢？

請放心，菲律賓的法律沒那麼嚴苛，老公死掉的菲律賓女性是可以再嫁的，但有一條法律規定必須遵守——守寡三百零一天。

根據《刑法典》修正案第三五一條，「任何喪夫寡婦如果在三百零一天內再婚，或是在生產前結婚（前夫死前已懷孕），都要處以罰款，罰金最高不得超過五百披索。」

此條文的淵源是害怕寡婦太快再嫁，要是小孩出生了會搞不清楚誰是老爸，到時候還得舉辦一場滴血認親。為了避免麻煩，乾脆立法暫時不允許結婚，過了三百零一天後，愛生幾個生幾個，全部算在新老公的頭上。

不過，只罰款五百披索未免太少，少吃幾次 Jollibee 馬上就可以再婚。守寡守得很辛苦嗎？再也不用擔心，五百披索讓你再次逆轟高灰，冷井重生。

休想當羅賓漢

在菲律賓只要申請執照就可以合法擁有槍枝，但擁有弓箭卻是犯法的。

根據一九六〇年制訂的共和國法三五五三號法條規定，「任何未經規定持有『致命』弓箭的人，處以三十天以上六個月以下有期徒刑。」其實不只弓箭，彈弓、飛鏢等遠距離能射死人的東西，只要持有都犯法。

這法條很明顯就是古早時代騎馬射箭太流行，大家爭先恐後想學羅賓漢或蒙面俠蘇洛，整天拿弓箭亂射一通，野豬騎士都被射倒了，簡直沒有王法，豈能再如此囂張下去，只好立法把弓箭、飛鏢統統禁一禁。

如果你從小就夢想當羅賓漢，老想射爆野豬騎士，建議改用比較文明的狙擊槍，配上金絲眼鏡，斯文中帶點殺氣，這樣的男人挺迷人。

你知道你這樣很煩嗎？

鄰居小孩老愛朝你做鬼臉？便利商店店員裝的外帶冰咖啡老是太滿害你走到一半就灑出來？別擔心，讓菲律賓的法律來替你聲張正義吧！

根據國家法第二八七條第二項規定：「任何脅迫或是不正當的煩擾行為（unjust vexation），會被處以五百披索以上五千披索以下罰款。」

這一條法律其實在菲律賓律師之間經過多次激烈討論，因為煩擾行為太難定義了，特別是在一板一眼的法律世界裡。想想看，性侵、偷竊等犯罪行為都很容易定義，甚至還能算出犯罪次數，煩人行為就很難這麼做。只要你感覺「被煩擾」，那對方就是在煩擾你，即便他可能只是長太帥，害你騎腳踏車一直分心結果撞到水果攤。

總之，別再縱容那些煩人精，快去和他們正面對質，套句李敖生前常說的話——

「我要告死你！」

綠光俠們，一起來合法殺人吧！

殺人必須付出代價，但在菲律賓有一個狀況是被允許的，甚至可以一次殺兩個。

根據經修訂過的二四七條法案：「任何人在驚覺發現配偶與其他人發生性行為時，可在他們性交時或性交後，殺害或重傷害其中一人或兩人。」

這類殺人並不會受到殺人案的刑罰，只有非常輕微的懲罰（penalty of destierro），算是要被家庭放逐一段時間。

感受到菲律賓法律暖暖的關懷嗎？對慘戴綠帽的人給予相當大的包容，想殺一個、兩個都沒問題，咱們賓式法律做你靠山，您就儘管失控，放心亂射，只要別拿弓箭射就好，會被罰錢的。

合法殺人儘管聽起來很酷炫，還是有幾個關鍵點要特別注意：

第一，你必須「驚覺」他們正在發生性行為，不能請徵信社設局抓姦，這樣就不叫失控了，是設計殺人。

第二，你撞見他們的時候，必須正在進行性行為，如果已經完事，那就不構成驚覺殺人，一定要撞見他們正在活塞運動才行。如果不想即刻拔刀，你當然可以等他們完事之後再解決，畢竟不打擾，是你的溫柔。

至於放逐刑罰，其實算是保護你的處罰喔，畢竟你可是殺了老婆／老公，他們家族的人短期之內應該不想看到你。

有討厭的廢物老公嗎？他剛好還有討厭的噁心情婦嗎？三個願望一次滿足的機會來臨了。不要說我教的，我絕對不會承認！

好的，這些荒謬法律大家看看就好，不要真的以身試法嘿。

菲律賓怪奇迷信大集合

我內心常有一股衝動想寫些荒謬的東西，而超級怪異的菲律賓迷信可說完完全全切合了我的荒謬魂，常讓人覺得不能用手指月亮、打麻將不能拍肩膀這些臺式迷信真是小兒科，連皮膚科都沾不到邊。

請不要以為瞎瞎小迷信只能當笑話看，這些以訛傳訛的小迷信雖然聽起來很白痴，其實默默形成了某種文化軌跡，好好研讀也可以很有氣質的。而且菲律賓迷信實在太多，又全是些很荒謬的事情，不寫出來很可惜，絕對是茶餘飯後的有趣八卦。

夜半別掃地

別在晚上掃地是菲律賓很流行的迷信之一，基本上就是灰姑娘們的福音，再也不會半夜被叫起床掃地了。

其實掃地這個迷信從過年篇（見一五一頁）就可略知一二，菲律賓人向來認為掃地這個動作會把「福氣」和「財富」等好東西給掃出家門。

至於為何限制晚上呢？我也不知道，反正很多迷信都喜歡在晚上，這是人類天生對黑暗的懼怕，而恐懼就是迷信的營養劑。不然你試試看半夜十二點對鏡子梳頭，明明沒毛病，光想就怪怪的。

以後你若是晚上叫菲傭掃地而她顯得異常興奮，一定是因為她迫不及待要把你家的好運掃出門，請好好自我檢討是不是對人家太壞了，還是沒事就毛手毛腳，壞習慣要改啊。

其實菲律賓還有個迷信是晚上不要修剪指甲，他們說這會帶來厄運。但明眼人一看便知，既然不能掃地，那就不要做些會弄髒地板的事。到時候腳指甲噴一地卻不能掃，沒準就被你老母來個十字固定技。當然厄運！

三人行必有我死焉

「舉杯邀明月，對影成三人」是李白喝醉後亂寫的詩句，但在菲律賓，三人也有個奇怪的迷信。

有道是兩個不顯多，三個恰恰好，不過在菲律賓的迷信中，如果拍照時呈現一個三人團體，你將招來厄運。更準確一點來說，是站在中間那個人會遭受不測，非死即傷，悲劇收場。

我知道聽來很荒謬，古老的傳說是有個富有家族在拍照時，女兒站在父母中間，結果拍完後女兒就臥病不起，以至於日後大家拍照都相當在意是不是三個人入鏡（哪家人拍照不是小孩站中間……）。

如果以後你幫三個菲律賓人拍照時，發現他們不斷乾坤大挪移，不是因為誰的側臉比較好看，而是正在為生死存亡戰鬥。如果你特別討厭其中一個人，請待他換到中間那一刻，精準地按下快門。依我的經驗，他就算現在不死，過個八、九十年後，肯定也會遭遇不測。

也有人說，這迷信是拿來嚇青少年的，希望他們交友謹慎些，兩人交往就好，不要搞什麼三人行多人混戰，人多手雜麻煩多，到時候得愛滋可就不好了。

不准頭髮溼溼或餓肚子去睡覺

「不准頭髮溼溼地上床睡覺」，怎麼覺得我媽也對我說過一樣的話。

在菲律賓的迷信中，如果你頭髮溼溼去睡覺，可能會遭受以下三種刑罰：瞎掉、瘋掉、禿頭，三種通常只會中一個，還挺仁慈，像李炳輝髮線愈來愈高，肯定是慣犯，神佛也沉不住氣。

既然講到了睡覺，再加一條相關迷信——不准餓肚子上床睡覺。迷信說，如果餓肚子睡覺，你的靈魂會出竅去覓食，到時候吃到美食不想歸來，你就要屁滾尿流失魂一輩子。換言之，千萬別小看靈魂只有二十一公克，他也有進食的需求。

根據我的推測，這兩個睡覺迷信都是地方媽媽發明出來嚇小孩的，用途就是要你把頭髮吹乾、把晚餐乖乖吃完，和聖誕老公公只送禮物給乖寶寶的傳說一樣。只不過菲律賓人稍微激進了點，用禿頭和發瘋威脅純真的小朋友。

煮飯時別唱歌

我看到這個迷信時著實大笑了好一陣子。因為這個迷信說，如果你在煮飯的時候唱歌，就會一輩子單身！

不得不說，我完全同理發明這個迷信的人，他們希望能用單身詛咒來脅迫菲律賓人煮飯時不要再吵。誰叫菲律賓人絕對是煮飯時最愛唱歌的人種，絕對。

我們工廠以前的煮飯阿姨根本把廚房當浴室在開演唱會，有時候甚至戴著耳機唱，徹底魔音穿腦，比她煮的東西還可怕。如果有廚房助手，兩個人還會來個錦繡二重唱，卻永遠唱在不對的音程上，對我這種音樂素養極高的人來說，真恨不得用還我漂漂拳打爆他們。

是的，我舉雙手雙腳或其他可以舉的器官贊同，無限期支持邊煮飯邊唱歌的菲律賓人單身一輩子。我希望這迷信超級靈驗，更想寄連署信給菲律賓神務局，麻煩菲律賓籍月老多多擔待與幫忙，如果單身咒嚇不倒唱歌魔女，詛咒他們禿頭或瘋掉也可以，百分百歡迎。

蜜蜂就是好運

漢堡王說火烤就是美味，菲律賓人說蜜蜂就是好運。

如果你在家裡發現了蜜蜂，別緊張，準備好和沈殿霞一起大富大貴囉！在菲律賓的迷信中，在家裡發現蜜蜂就代表好運即將降臨——呃，實在匪夷所思。

我猜可能是以前菲律賓人家中一飛進蜜蜂，全家就大呼小叫，反而驚動到蜜蜂被叮個滿頭包，所以才開發出了這種迷信。

自此以後，大家樂於見到蜜蜂，一看到蜜蜂飛進來馬上紅地毯鋪好，還搭配電影《賭神》主題曲。如此尊敬蜜蜂，蜜蜂肯定深受感動，從此之後，再也沒人會被叮個滿頭包，反而家家戶戶都有蜂巢冰淇淋可以吃，堪稱比貓的報恩還厲害三倍的蜂之報恩。

星期五別摔破玻璃

你平常是個喜歡摔玻璃紓壓的人嗎？以後請避免在星期五執行這項任務喔！在菲律賓的迷信中，如果你在星期五摔破玻璃的話，將整整衰．七．年！

有夠嚴重的詛咒。

我猜這個迷信的由來可能是因為星期五下班後的家族聚會特別多，小朋友老是喜歡跑來跑去撞來撞去，很容易就把玻璃弄破。為了讓小孩聽話一點，只好想出這個惡毒的詛咒。星期五千萬不要給我弄破玻璃，不然五歲弄破得一路衰到十二歲，黃金歲月都衰掉了。

不過，這迷信倒是一如往常地保有菲律賓人特有的彈性，僅僅規定星期五不能摔，星期一到星期四甚至是周末都沒問題，如果星期五心情真的很糟，多少忍一忍吧，衰七年太不划算了，等到周末再摔個夠本，不用上班的時候摔玻璃最紓壓了。

衣服穿反別擔心

如果你某天上班快遲到，衣服隨便套，上了捷運發現大家都在看你，這才發現衣服穿反了，此時此刻請不要感到羞恥，反之要感覺興奮，因為你的好運即將降臨。

在菲律賓的迷信中，若你發現衣服穿反了，就代表你即將收取一筆巨額金錢，至於錢會從哪裡來，天知道。

千萬要注意，衣服穿反是有嚴格規定的，不是隨便穿反就行。前後穿反不算數，必須要內外穿反，這樣才達到領錢的標準。

如果我沒猜錯，這大概又是為了幫尷尬人解圍的迷信。

「你衣服穿反好丟臉喔」、「你有沒有帶腦子啊」、「你會不會連內褲也穿反啊」……

再也不用懊惱與羞愧，只需淡淡回應：「我快發財了。」

眾人立馬噤聲，這就是發大財的魅力。

還債別挑晚上

儘管蘭尼斯特有債必還，還債還是要挑對時機。在菲律賓傳統迷信中，如果一個人晚上還別人錢，那他就會變成一個窮鬼。

這迷信的準確度應該挺高，因為在菲律賓，整天借錢的窮鬼比比皆是，還肯在晚上還錢，應該已經算比較有倫理的人了。

至於為何不讓人在晚上還錢呢？說真的，我想不明白。可能怕晚上有金錢交易會碰上黑吃黑、白吃白，老鼠生的會打洞之類的事情，所以就用這種迷信來牽制一下。想還錢可以，大家光明磊落，大白天見面好講話，錢點起來也比較清楚。

不過如果你遇到菲律賓人晚上要還你錢，請不用為他著想，趕快讓他還錢最重要！

打折就對了

正在煩惱商家優惠的時機點？菲律賓迷信來幫你指點迷津了。

只要你給當天光顧的第一個客人一份超大的折扣，那一天的生意就會財源滾滾，比多爾袞滾得還囂張。而且這迷信還可以搭配早起的鳥兒有蟲吃，做個整體的建教合作，獎勵第一個去消費的人。

說真的，這迷信不知道從哪傳出來的，可能是某個「想擁有超大折扣」的菲律賓人開始亂傳，沒想到流言傳來傳去，最後居然就成真了，真正是人言可畏。

這樣的話，我也要開啟一個新迷信：「如果你給寫菲律賓廢文的人買新房打五折，那你以後就會幸福快樂一輩子；如果直接送他的話，你會絕頂升天，快樂似神仙。」再麻煩大家幫忙傳遞這流言蜚語，到時買了新房一定約各位來泡茶聊天，絕對不會亂撒鹽。

菲律賓鬼故事一：馬尼拉電影中心

當過兵的朋友都知道，每個靶場的廁所都曾有一個上吊死亡的女孩，這是軍中廁所的共用鬼故事。那麼在菲律賓這個新鮮國度，是否同樣有一些鬼故事傳聞呢？

去過馬尼拉賭場區 PASAY 閒晃的人肯定會注意到一棟形似羅馬神廟的澎湃建築，也就是馬尼拉電影中心（現改名 Amazing Show）。記得上次和菲律賓同事經過時，我隨口問：「你進去過那棟建築嗎？」沒想到他臉色一白，娓娓道來該建築的恐怖故事。我聽完後雖不到毛骨悚然，寒毛還是誠實地站了好幾根。忍不住回頭再看一次建築，果然，馬尼拉電影中心蒙上了一層灰白色的神祕薄霧，透出一縷淡淡的詭譎氣氛。

雖然子不語怪力亂神，但我又不是什麼子，索性就把菲籍同事告訴我的故事，再加上一點自身研究，改寫成這篇完整的故事。盼各位讀者心存善念，哀矜勿喜地讀完。以後如果有很討厭的人硬要約你到菲律賓玩，可以把這故事說給他聽，看能不能擋一擋。

故事要從一個女人開始說起；一個獨裁者的妻子，伊美黛・馬可仕（Imelda Marcos）。

時間跳轉到一九八〇年代，當時菲律賓正被著名的獨裁者費迪南德・馬可仕（Ferdinand Emmanuel Edralin Marcos）統治，而他妻子伊美黛的名聲一點也不輸他，並以其揮金如土的奢華形象躍身成為世界著名的菲律賓第一夫人。

伊美黛擁有罄竹難書的揮霍傳言，宛如現代版希爾頓千金，其中最有名的一則不外乎她擁有超過兩千七百雙鞋，以及一面用鑽石鑲著她名字的黃金鑄製化妝鏡。在獨裁者老公加持下，當時的伊美黛可能是世界上最有錢的女人，她一點也不介意輿論壓力，享受著被人視為奢華女王的滋味。

然而，成為第一夫人之前，伊美黛當過歌手也參選過馬尼拉小姐，這樣的影劇產業背景讓她在環遊世界的旅途中，產生了一個奇想——菲律賓是不是也該辦一場國際電影節？

一般人有奇想無所謂，獨裁者的奢華老婆的話，可就危險了。

伊美黛一有這個想法，馬上就打算付諸實現，而且野心非常狂妄地想辦一場能夠超越並取代坎城影展的國際性電影節。她在一九八〇年通過了二・五億美金預算，預計在菲律賓文化中心旁蓋一棟馬尼拉電影中心。

如此有錢的人總是比較沒有耐性。工程在一九八一年開工，為了趕上一九八二年一月中的第一屆「馬尼拉國際電影節」，總共僱用了超過四千名工人，每天輪三班，二十四小時不停趕工。

瘋狂趕工之外，伊美黛身旁還圍繞著一群馬屁精，不時等待撈錢的機會，工程如此碩大，其中能撈的油水可想而知，而當相關經費大筆大筆進入這些人的口袋時，也代表著施工品質隨之遭受犧牲。超長工時加上低劣的施工品質，自然種下了悲劇的種子。

意外發生在一九八一年十一月十七日，距離電影節開幕只剩不到兩個月。

當晚凌晨三點左右，一座位於高處的鷹架突然翻覆倒塌，鷹架上的工人全數跌落到底部還未完全凝固的水泥之中，有些工人當場死亡，有些則是受傷，據說當時總共有一百六十八位工人死傷未卜。

消息很快傳到了伊美黛耳裡。

她沒有下令搶救，反而做了相反的事情。立馬命令在現場監工的 Betty Benitez（副部長的老婆）倒入更多水泥，掩埋跌落水泥中的工人，接著封鎖現場長達九小時，不讓記者接近，當然也沒有急救團隊能夠靠近。

九小時過後，等到急救團隊終於進入現場，工人已全數陣亡，沒有任何生命跡象，而這個殘酷的決定，當然就是為了趕上兩個月之後即將開幕的馬尼拉國際電影節。

電影節在兩個月後如期舉行，許多來自世界各地的電影明星穿著華服、踏著紅毯，魚貫進入電影中心，沒人知道他們正踩進史上最新鮮的活埋墓場。

電影節過後，工人意外開始大量曝光，但伊美黛當然沒有被法辦，那是個獨裁的時代，沒有權力的生命不值得多加眷顧。她直到今天都活得好好的（八十九歲），每年還在馬可仕的喪禮周年紀念獻吻。電影中心底下的工人只能以傳唱的鬼故事形式留在眾人記憶裡。

馬尼拉國際電影節並沒有獲得預期的成功，畢竟文化從來不是花錢就能買到的東西。電影中心在隔年關門大吉，因為伊美黛在第一屆電影節失敗之後，走火入魔，為了力挽狂瀾，索性將第二次國際電影節的主題設為「愛情動作片」——不是純愛成人片，而是真正的A片，理所當然地引起了大量宗教團體反彈，導致活動資金無法到位，社會觀感亦不佳，只好取消。另一方面，收到伊美黛活埋命令的 Betty Benitez 幾個月後在一個小村莊裡離奇意外死亡，有人說是被伊美黛做成消波塊，有人說是被憤怒的工人家屬報復殺害。

由於不斷傳出有觀眾在電影中心裡聽到哭泣聲與呼救聲，伊美黛請了靈媒來驅魔。靈媒用奇怪的方言告訴她：「這裡總共有一百六十九個冤魂，Betty Benitez 也在裡面吶喊著。」

聽完這個故事後，是不是完全不想靠近馬尼拉電影中心了呢？如果你天性喜好惹是生非，不管怎樣還是建議你離地下室遠一點，畢竟那裡是最靠近事故的地方，傳聞還會有手的形狀出現在牆壁上，宛如在呼救般。也有許多傳聞說，入場看電影時感覺是滿座，散場時卻只剩自己一個人。

我為了寫這篇故事查了不少資料，愈查愈發現這應該不只是鬼故事，而是一段真實的歷史，畢竟連頗具權威的維基百科都記載了。

一個獨裁的時代可能產生很多悲劇，能被記載下來的大多可貴，這讓我們更加珍惜現有社會的安寧，很多麻煩又緩慢的程序可能無形中保護著你我意想不到的弱勢族群。如果你認為社會的進步就該犧牲某些人，歡迎去和伊美黛與薩諾斯組隊，真實世界裡，他們永遠都站在比較強勢的那一邊。

菲律賓鬼故事二：Balete 街的白衣女子

這是個發生在菲律賓首都馬尼拉 Balete 街（Balete Drive）的鬼故事，從網路聲量看來，是一個在菲律賓非常有名的都市傳說。

首先談談 Balete 這條街。

這條長僅一．三公里的雙向單線車道連接了 Eulogio Rodriguez Sr Avenue 和 Nicanor Domino Street，從十九世紀沿用至今，過去的街道旁有巨大的 Balete Tree（一種菲律賓種大樹，看來像榕樹），也是街名的由來。在菲律賓人的傳統迷信中，Balate Tree屬於比較邪門的樹，老一輩往往不建議當成行道樹，因為它有招來鬼魂的特質。

Balate 街兩旁是許多西班牙時期遺留下來的老式建築與一些有錢人家的房子，兩者的共通點是較高的水泥圍牆（防竊賊），也阻隔了家中光源照亮街道的機會，大樹豐沛的枝葉經常遮住街燈。兩大因素使然，造就這條街形成一股天生適合鬧鬼的特質——漆黑又荒涼。

現今即使照明已有改善，有些大樹也被砍掉了，不過仍然沒什麼人在此行走，路上多半是路過的吉普尼和計程車，每到夜晚，不得不經過此地的司機就會開始不安，因為這裡有個惡名昭彰的都市傳說——白衣長髮女子。

你一定忍不住想，白衣長髮女子？這……也太沒創意了吧。

沒辦法，這不是創意不創意的問題，陰間有陰間的 Dress code，我們必須尊重。

從一九五〇年開始就不斷有計程車司機宣稱在這條街遇見白衣長髮女子，此傳說也在當地報導中大量出現（大概類似紅衣小女孩），遇到的狀況大概分成三大類。

一、司機半夜開經此街道時，會有個美麗的白衣女子突然站在馬路正中間，男性司機常常忍不住盯著她看，進而導致擦撞或嚴重的車禍。

二、司機半夜開經此街道時，會看見一個美麗的白衣女子站在街旁等待計程車，他們會讓她上車。過一陣子後，當司機忍不住從後視鏡偷看她時，會發現她滿臉都是血，不久後，她就會直接從車上消失。

三、計程車司機半夜開著空車經過此街道時，有意無意看向後照鏡，卻發現後座有個女人也透過後視鏡瞪著他。這當然會把司機嚇個半死，但當他們停車檢查，卻發現後座根本空無一人。

這就是白衣長髮女子經常慣用的三種現身手法。

俗話說，知己知彼百戰百勝，下次若有機會碰頭，大家也好有個心理準備，隨身準備一條溼紙巾，不要讓人家滿臉是血在後座空等，貼心遞上溼紙巾讓她擦擦臉，陰間第一號暖男的席次還空著呢。

若你覺得上面的故事實在太老套，讓我講一段非常近期的故事，是一位菲律賓警察局小隊長的親身經歷，相較於可能想紅或亂迷信的計程車司機，警察局小隊長應該比較沒有隨便講幹話的動機。

話說警察局小隊長在接受一名記者訪問時談到，他開著巡邏車經過惡名昭彰的 Balete 街，看到路旁有個女子舉著大拇指（搭便車的手勢），那女子身穿一襲白色長洋裝，有著一頭黑色長髮，因為夜色已暗，看不清楚她的臉，但在這漆黑又荒涼的街道上，她顯得特別憔悴。小隊長清楚知道一名獨身女子在這裡有多危險，不禁起了惻隱之心，便將車停了下來。

「妳怎麼了嗎？要我載妳到哪裡？」

女子沉默了一會才回話，她請小隊長載她到 España Extension 的轉角處，在那裡她便能叫到轉乘車回家。

「好，沒問題，快上車吧。」

女子並沒有坐上副駕，而是坐進了後座，小隊長雖然覺得有點怪怪，但並沒多想，為了安全，小隊長將全車車門上了鎖。

一路上兩人沒有交談，小隊長透過後照鏡偷看了幾次，女子五官清秀，沒有看向窗外，也沒有看著路，坐得直挺挺地看著前座後背；小隊長不禁覺得奇怪，一個獨身女子半夜在這裡出現，身上看似沒有任何能裝私人物品的包包，一襲白洋裝更與這荒涼的夜色顯得格格不入。

小隊長自然聽過 Balate 街的傳聞，但此刻的他並沒有做太多聯想，畢竟剛才與他對話的女子雖然不到活靈活現，但也不至於死氣沉沉，「鬼」應該不是這樣子？

前往女子指明的路段大約是十分鐘車程，小隊長心想：「還是把她送回家好了，這個時間也不容易叫到車。」

就這樣，車開到了 España Extension，但他並沒有停車。

「已經到了 España Extension，但我想都這麼晚了，要不要乾脆直接送妳回家？」小隊長問。

車上沒有人回應。

小隊長斜眼看向後照鏡，大吃一驚，女子坐的位置居然空無一人。他寒毛直立，馬上將車靠邊暫停，再次看向後照鏡，依舊空無一人。他混雜著恐懼與警覺，將手擺在手槍的腰際上，回身查看後座。

真的沒有人，一點動靜也沒有。

女子跳車了？她一到目的地就擅自下車了？

小隊長試圖找到合理的解釋，但當他準備下車查看時，他發現整輛車一直保持著上鎖的狀態，女子除了憑空消失以外，沒有別的可能。

好的，故事說完。

一個高尚的鬼故事背後，一定要有一段悲慘的故事，不然就顯得這個鬼沒有格調，沒事亂嚇人。Balete 街長髮白衣女子自然也有背後的故事，只是以訛傳訛，各種說法都有，這裡只寫出最被大家認可的兩種說法。

第一種來自一位自稱白衣女子生前閨蜜。

他說白小姐在 Balete 街某場車禍中往生，司機撞後不理，肇事逃逸，車禍當下完全沒有任何目擊證人，所以肇事者一直逍遙法外。

「她可能真的很想要那傢伙被逮到。」閨蜜說。因為覺得自己枉死，殺手卻一直沒有受到該有的懲罰與法律制裁，靈魂無法安息。

第二種則是更被普遍大眾接受的說法。

據說白小姐生前某天夜晚在 Balete 街招計程車時，由於面色姣好，計程車司機起了色心，當場便在車上將她先姦後殺，還把她埋在附近的一棵 Balete 樹下。然後和第一種版本一樣，司機直到現在都逍遙法外。

不難理解這說法為何會被大家接受。因為在 Balete 街看見白衣長髮女子的很大一部分人都是計程車司機，完美解釋了白小姐只是在尋仇，但一直沒遇到對的人，完全符合大家對冤有頭債有主的期待，比較能體諒白小姐愛嚇人的老毛病。

說老實話，雖然我很想心存善念，保持中立地看待這段鬼故事，但這故事實在有一點點老梗。當然也可能世界上八十%的鬼都照著某套SOP在陽間遊走，所以我還是保持著寧可信其有的態度，半夜絕不輕易停車載什麼全身白衣的女子。更想奉勸各位女性讀者，沒事半夜不要穿白色在外面遊蕩，到時候被閻羅王發現妳的舞臺潛力，想回頭都來不及。

最後也要聲明，本文全無個人經驗，都是憑藉上網搜尋，小隊長那段，為了好看點有稍微腦補一些內心戲，不過整體故事並沒有更動，保留原汁原味。

後記

談談身為臺灣人的幸福

從菲律賓返臺已經滿一年了！

雖說我至今仍然心存感激，但每每回頭看，都不知道自己到底怎麼撐過來的，怎麼能忍受菲律賓荒謬的一切。當初的想法應該是「再爛也比當兵好多了」，只能說人類可塑性或許就是這麼強，丟到哪都能適應。

但，回臺灣到底有什麼好講的？

沒辦法，回臺灣後實在有太多時刻都讓我不禁深深感嘆，臺灣真的很棒欸。

倒也不是菲律賓太爛，因為之前去澳洲打工度假回來時也有這種感覺，連去日本玩回來也有一點，畢竟我就生在臺灣嘛，對自己熟悉之地有多一分好感本也是人之常情，但我還是想把這些 Moment 捕捉下來，讓大家一起共同體會寶島之美。這些美好大家肯定也曾感受過，只是你習慣了她的好，就像總是照顧你無微不至的老媽，時間久了就會被我們視為理所當然。因此我想喚醒大家麻木的神經，讓大家重新愛上臺灣。

真・美食天堂

回臺灣後我才發現，飲食控制是多麼困難的事情。

在菲律賓時，我隨隨便便都可以連續好幾天吃超少，因為菲律賓實在沒啥好吃的。偶爾突發奇想打算嘗試看看不一樣的餐廳，往往在百貨公司裡走上走下，尋他千百度，先燃燒一堆卡路里，最後還是走進 Jollibee。

也許是過去的經驗箝制了我的想像力，吃過太多爛爛的菲律賓料理、失望太多次之後，最後只好投抱最「安全」的選擇，至少 Jollibee 的炸雞是我能接受也喜歡的。

在臺灣則是完全不同的光景，光選食物就是甜蜜的負擔，得在一堆爆炸多好吃的東西中選擇要吃什麼，而且這選擇像個無底洞，你永遠可以找到下一家沒吃過的美食，只要你願意。

更可怕的是，即便稱不上美食的東西，在臺灣也比菲律賓食物好吃幾十倍。

舉例，若你剛從菲律賓返臺，走進 7-ELEVEN 就和走進饗食天堂沒兩樣，五彩繽紛的食物映入眼簾，好像雨後的彩虹般耀眼發光；茶葉蛋、大亨堡、御飯糰都在對你熱情揮手，好似粉絲列隊歡迎你歸國。菲律賓當然也有 7-ELEVEN，但裡面的食物完全讓人軟趴趴提不起勁，大亨堡的熱狗和路邊長皮膚病的瘌痢狗一樣，頂多讓人心生同情，完全沒有擁有的欲望。

另外，不得不誇獎臺灣美食的跨度很廣，連路邊小吃攤都有相當不錯的水準，可用相當低廉的價位享用美食，相較之下，美食天堂日本就沒有這麼多銅板美食，菲律賓更不用多說，餵你吃顆哭哭饅頭，別難過了。

若說臺灣食物是個有獨立思考能力的小美女，菲律賓的食物大概就是性格偏差狂又讓男生戴綠帽的臭女生。

交通真方便

很多人都忽略了捷運的強大，誰叫它在我們生命中存在得如此自然，就像空氣一樣，已經貼合著我們的生活，不會激起你的情緒漣漪。

但若你從菲律賓返臺，將發現臺北市的交通系統有多麼完善與親民，你完全可以當個無車一族，捷運、公車能帶你前往這城市的任何角落，還有無限的 YouBike 和許多自行車道讓你用不同的角度與速度欣賞城市之美。

即便你不是大眾運輸的粉絲，在臺灣開車與騎車也比在菲律賓舒服上千倍。我不敢說臺灣都不會塞車，但是臺灣的塞法講道理，看得出塞車的邏輯，至少還看得到美好的未來，這是我在菲律賓永遠無法參透的事情，他們是一言不合就塞車，說塞就塞毫不囉唆，完全不講道理，且一塞就是深陷一片漆黑之中，永遠不知道盡頭在哪，一直塞到讓人失去生存意志。

此外，臺灣的公共運輸動線安排與清潔真是讓人忍不住豎起拇指。我每次從國外回來總不免用一種觀光客心態（假設我是來臺灣旅遊）來看待臺灣，而只要一搭上捷運，某股驕傲感總油然而生——他媽外國人一定覺得臺灣捷運很猛，不但方便，又新又乾淨，可怕的是居然沒人會在車上吃東西，這國家的人也太文明了吧！

服務品質金價讚

在臺灣當然也會遇到爛服務員，但比例非常低，而且也是在一堆超讚服務中才顯得他的不敬業；要是把菲律賓式服務拉個一半來臺灣，那些爛服務員一經稀釋，你肯定再也感覺不到他們的存在。

看看臺灣便利商店的店員手腳多麼利索，一邊收件、一邊繳費、一邊幫你開影印機還能同時跳 Hip Hop，重點是非常少出錯，也很少拖拉耽誤到時間，且在這麼多工處理的高壓環境之下，依舊保持著高度禮貌。

回頭看看偉大的菲律賓店員，不要說多工處理，光做一件事就可以讓他們分心，拽著大家一起拖時間就是菲律賓的日常，哪一天突然快起來不需要排隊，還忍不住驚呼兩聲，殊不知這在臺灣根本就是人之常情。

臺灣的大排長龍和菲律賓的大排長龍更是屬於本質上的不同，當你經歷過真正的戰爭，就會覺得臺灣只不過是在扮家家酒。排過菲律賓的結帳隊伍，你會覺得在臺灣排隊根本是一塊蛋糕，還是黑森林口味的，輕鬆入口，滑潤有型，每每讓我在結完帳的當下，一股濃郁的幸福感湧上心頭。

臺灣服務就是讚，屌打菲式服務好幾條街。

令人放心的醫療水準

這個不用我多說，大家這一年來肯定感觸特別深刻，而且在臺灣看醫生根本經濟實惠又安心，沒生病都忍不住想去看看醫生好不好。

這次肺炎疫情爆發，更讓人體認到身在臺灣的安全感，即便真的不幸中鏢，也很有信心能夠受到完善的保護與治療。相較之下，若我在菲律賓中鏢，大概就直接準備好面海的塔位了。

一位在菲律賓工作的同事曾在疫情期間出入醫院，當下就被那些「陽春」的防護與隔離給嚇壞，像是護理師的隔離裝從頭到尾沒更換，在隔離病房穿完，出來還是穿著同一件，相當節省的秋冬穿搭。

我自己出入過幾次菲律賓的醫院，很能感受到那股標準的菲式隨性。說真的，平常其他地方隨性也就算了，在醫院這種容錯率這麼低的地方也搞隨性，真的會讓病人很緊張。這種緊張感在臺灣幾乎不曾感受過，醫生總給人精明專業的感覺，連字跡潦草也顯得威風凜凜，健保更不用說，根本已經不是保險，完全就是福利來著，能用這麼廉價的方式取得如此高水準的服務，難怪疫情一爆發，這麼多人爬著也要回臺灣。

這種安全感實在太重要了。

最後想說，好壞有時候真的是比較出來的，畢竟每個人都用自己的主觀視角體驗世界。即便知道臺灣做為一個國家，還有太多太多進步空間，應該讓人民感覺更宜居、更樂業，但至少在我的主觀視角裡，臺灣已經超棒了。能生活在這裡，應該已經用掉我人生大半的運氣了。

我想把這種「受寵幸」的感覺，分享給更多居住在臺灣的人，因為不得不老實說，這種幸福感隨著回臺灣時間變長而緩緩地減少，也快麻木了，得趕緊趁麻木之前記錄下來。

大夥一起知足常樂愛臺灣，永保安康救宇宙。

ACROSS 052

菲律賓，不意外!?南漂作家的文化臥底筆記

作　者—南漂作家
圖片提供—廖珈琪
主　編—邱憶伶
責任編輯—陳詠瑜
行銷企畫—林欣梅
封面設計—FE 設計
內頁設計—張靜怡

編輯總監—蘇清霖
董事長—趙政岷
出版者—時報文化出版企業股份有限公司
一〇八〇一九臺北市和平西路三段二四〇號三樓
發行專線—（〇二）二三〇六—六八四二
讀者服務專線—〇八〇〇—二三一—七〇五
（〇二）二三〇四—七一〇三
讀者服務傳真—（〇二）二三〇四—六八五八
郵撥—一九三四四七二四時報文化出版公司
信箱—一〇八九九臺北華江橋郵局第九九號信箱
時報悅讀網—http://www.readingtimes.com.tw
電子郵件信箱—newstudy@readingtimes.com.tw
時報出版愛讀者粉絲團—https://www.facebook.com/readingtimes.2
法律顧問—理律法律事務所　陳長文律師、李念祖律師
印　刷—盈昌印刷有限公司
初版一刷—二〇二〇年十二月四日
定　價—新臺幣三六〇元

時報文化出版公司成立於一九七五年，
一九九九年股票上櫃公開發行，二〇〇八年脫離中時集團非屬旺中，
以「尊重智慧與創意的文化事業」為信念。

菲律賓，不意外!? 南漂作家的文化臥底筆記／南漂作家著 . -- 初版 . -- 臺北市：時報文化, 2020.12
320 面；14.8×21 公分 . --（Across 系列；52）
ISBN 978-957-13-8462-7（平裝）

1. 文化　2. 社會生活　3. 菲律賓

739.13　　109017991

ISBN 978-957-13-8462-7
Printed in Taiwan